闪耀路书

闪耀吧!
大运河
THE GRAND CANAL

北京

优酷人文 / 编著　　刘京平 / 主编

中国旅游出版社

国家广播电视总局2023-2024年"网络视听节目精品创作传播工程"扶持项目
北京市广播电视局扶持项目
2024年北京大视听重点文艺精品项目

鸣谢

《闪耀吧！大运河》节目组所有成员及参与本书出版的所有工作人员

总顾问

张 谨

编写委员会

主　　编：刘京平　杨伟光　张文广

副 主 编：王晓楠　李　炳　胥　波

编委成员：邓瑞玲　罗　媛　李自琴
（按首字母）　欧阳俊　王　楠　赵　勃

序

优酷人文的真人文秀节目《闪耀吧！大运河》一路行程集结成书，流动的旅途从此固定为持久的图文纸书。这对走运团是纪念，对随团神游的观众是重温，对各位读者则是大运河之旅最好的指南。

2024年秋季，几位天南海北的朋友齐聚宁波三江口，准备开启一段人文之旅，"走运团"就是那时大家为这个旅行小团体取的名字。在那之后，走运团先是由东而西、接着由南而北，沿途拜访十三座城市，见到许多有意味的风景、遇到无数有意思的人，团员也不断增加，最终在年末隆冬，抵达运河的终点——北京。

都说"大运河漂来北京城"，其实维系北京城的纽带并不只是运河。在历史上，北京城向北越过燕山就到草原，那是游牧者的天地；向东北出山海关，居住着渔猎人群；向南则是涵盖了黄河、长江、珠江等流域的农业地区。惟其如此，北京才能从一个边地小城，一跃而成为元明清三个多族群帝国的政治中心，影响一直及于今日。

但是，大运河在这些纽带中的地位又十分特殊。在大运河发挥其主要功能的时代，这条河上的物资流通量远比地球上其他任何交通线都更为巨大。不同于海洋贸易的季节性、丝绸之路的时断时续，大运河几乎是日常性、全天候地将农业地区的资源运到北京，推动这个庞大国家的齿轮正常转动。

大运河的第二个特点，在于它是人为设计、依赖人力开凿或疏浚、又耗费大量人力维护的一条交通干线。因此，每一段河道、每一个险关、每一处起伏，都浸润着人的智慧和汗水，同时也意味着人的选择。在某种程度上，重走大运河其实是在重读中国文明这部书，复盘一个国家的来时路。

带着这样的求知愿望去走运河，北京自然是最合适的旅途终点，因为政治中心既是大运河的制度起点，又是它的功能终点。不过，当走运团在北京一路走完，又有了新的感悟。

大光楼前，曾经是天下最繁忙的漕运码头，喧嚣、拥挤、众声喧哗，如今是清静、整洁的小众景点；北海、什刹海风光秀丽，游人如织，却很少有人想到，这里一度帆樯如林、运粮军民挥汗成雨；安徽会馆管弦依然，但不见了当年来京科考、宦游的本地士绅。推而广之，在整条大运河上，既有保留航运功能、船只络绎的通航河段，也有在保护下供人研究观览的遗产河段，但无论是哪种情况，运河都已经完成了现代转化，不再是过去那条漕运之河了。

所以当我们行走运河的时候，实际上是在走两条河：一条是历史上的运河，它以漕运为中心，兼顾南来北往的客货运输，古老的船闸、堤坝、水利工程是那条河留下的历史见证；一条是现代的运河，或是遗产公园，或是新修河道，更有现代化的通航设施、周边的休闲产业，展现着现代文明的运作方式。从运河进入北京，同时触摸历史与现实两座北京城，或许是打开这座大城的最好方式。

段志强

2025 年 4 月 18 日

闪耀吧！大运河
北京
视觉盛宴

塔影夕航
TA YING XI HANG

运河夜明
YUN HE YE MING

映漕京
YING CAO JING

漕运京华
CAO YUN JING HUA

波漕航
BO CAO HANG

漕汇两岸
CAO HUI LIANG AN

望漕帆
WANG CAO FAN

泊岸人家
BO AN REN JIA

《闪耀吧!大运河 北京》嘉宾简介

葛剑雄 祖籍浙江绍兴,复旦大学资深教授,香港中文大学(深圳)图书馆馆长,中央文史研究馆馆员,曾任复旦大学中国历史地理研究所所长、图书馆馆长,第十二届全国政协常委。用浅显易懂的语言解读运河之水与北京城市发展之间的密切关系,没有大运河就没有明清北京的首都地位,没有大运河就没有完整的中华文明。

段志强 复旦大学文史研究院研究员,历史音频播客节目《白银时代旅行史》主讲人,一位行走于历史的叙事者,带着白银时代的旅程,穿越岁月的风尘,追寻古人与运河的故事。

张　谨 清华同衡规划院遗产保护与城乡发展分院院长、中国大运河申遗文本总撰稿人,申遗文本中价值文本的主撰稿人,在梳理运河价值的过程中经历了一个重新发现中国、读懂历史的旅程。

马家辉 作家、学者,美国芝加哥大学社会科学硕士、美国威斯康星大学社会学博士学位。曾担任重要媒体副总编辑。擅以文字为梭,编织出北京运河的传奇故事。笔锋所至,凝视通州文化脉络交会点的同时,深入时代肌理,捕捉社会跳动的脉搏。

阎鹤祥 相声演员、演员,在北京运河边长大的东道主,自如地穿梭于市井的繁华与文化的深厚之间;在中轴线旁的胡同里成长,肩负着引领体验中轴线与运河水交融之美的使命,以地道的北京情怀,尽展地主之谊。

蒲熠星 作家、唱作人,本科毕业于南京大学,硕士毕业于约翰斯·霍普金斯大学。从年轻一代的视角出发,探索大运河在当代及未来可能呈现的全新面貌。

唐伯虎 Annie 美国女歌手,自10岁来到中国,学习和传播中国文化。不仅精通汉语,还对中国历史文化情有独钟。运用国风音乐,从一个外国人的独特视角,探索和认识京剧是如何在大运河的滋养下孕育而成的。

闪耀吧 大运河
THE GRAND CANAL

阎鹤祥
蒲熠星
张谨
马家辉
葛剑雄
段志强
唐伯虎 Annie

北京

目录 CONTENTS

通州　　001

"走运团"精品线

七孔桥 004
大光楼 008
北京城市图书馆 012

其他线路 018

线路 1：追溯漕运历史线

二号码头 019
三庙一塔 020
北京大运河博物馆 023
北京艺术中心 026
城市绿心森林公园 028
大运河森林公园 029

线路 2：感受古今交融线

永通桥 031
中仓仓墙遗址 033
通州区博物馆 034
北京环球度假区 036

线路 3：跨越时空的艺术之旅线

张家湾博物馆 039
张家湾古城及通运桥 040
张家湾曹雪芹塑像 042

皇木厂村 043
宋庄艺术创意小镇 044

东城　　047

"走运团"铛铛车线

前门 050
天安门 054
故宫 058
景山公园 064
地安门 066
万宁桥 068

其他线路 080

线路 1：老北京运河 City walk 线

东不压桥与澄清中闸 081
玉河 083
南锣鼓巷 085
南新仓 088
禄米仓及智化寺 090

线路 2："仰望星空　脚踏实地"线

古观象台 092
北京明城墙遗址公园 094

010

西城　097

"走运团"精品线

什刹海 100
烟袋斜街 104
北京郭守敬纪念馆 107
北海公园 114

其他线路　124

线路：感受什刹海边的山·水·人·情线

宋庆龄同志故居（醇亲王府） 125
望海楼 127
鼓楼西大街 130
钟鼓楼 131
地安门外大街 133
银锭桥 135
京杭运河积水潭港碑 138
火德真君庙 139
恭王府 141
郭沫若纪念馆 143

海淀　145

线路：皇家园林乘船游线

皇家御河码头 147
五塔寺（北京石刻艺术博物馆） ... 148
国家图书馆 150
紫竹院行宫 152
广源闸 154
万寿寺 156
南长河公园 158
广仁宫 159

颐和园 161
昆明湖绣漪桥 164
青龙桥（京西稻） 165

朝阳　167

线路：追忆运河上的"繁华梦"线

高碑店漕运历史文化旅游区（平津闸） 169
将府公园 171
庆丰闸 172
亮马桥国际风情水岸 173

顺义　175

线路：发现北京水系的别样"情怀"线

潮白河森林公园 177
顺义文化中心 178

昌平　179

线路：找寻运河水源线

明十三陵 181
居庸关长城 183
白浮泉遗址 185

非遗篇　187

京剧 187
通州运河船工号子 190

美食篇　192

正餐 192
小吃 195

北京市

审图号：GS（2019）3333号 自然资源部 监制

跟着运河游北京

  北京，坐落于大运河的最北端，不仅是全国的政治与文化中心，更是元、明、清三朝的定都之地，同时，它还是漕运的目的地，是经济和文化交流的重要枢纽站。

  大运河贯通后，不仅成为确保都城粮食北运、商贸往来、军事物资调配及水利灌溉的生命动脉，更对北京城的建设与发展做出了巨大贡献。沿运河水系，船只络绎不绝，人员往来频繁，货物纷纷向北京汇聚，与此同时，北京作为重要枢纽，以其独特的区位优势，通过南来北往的舟楫之利，将丰富的物产与深厚的文化源源不断地输送到南方各地，并远播海外。这种持续的文化输出与互动，不仅促进了地域间的文化交流，更推动了中国传统文化的传承与发展，使中华文明在广袤的大地上绽放出绚丽的光彩，在更广阔的国际舞台上展现出独特的魅力。

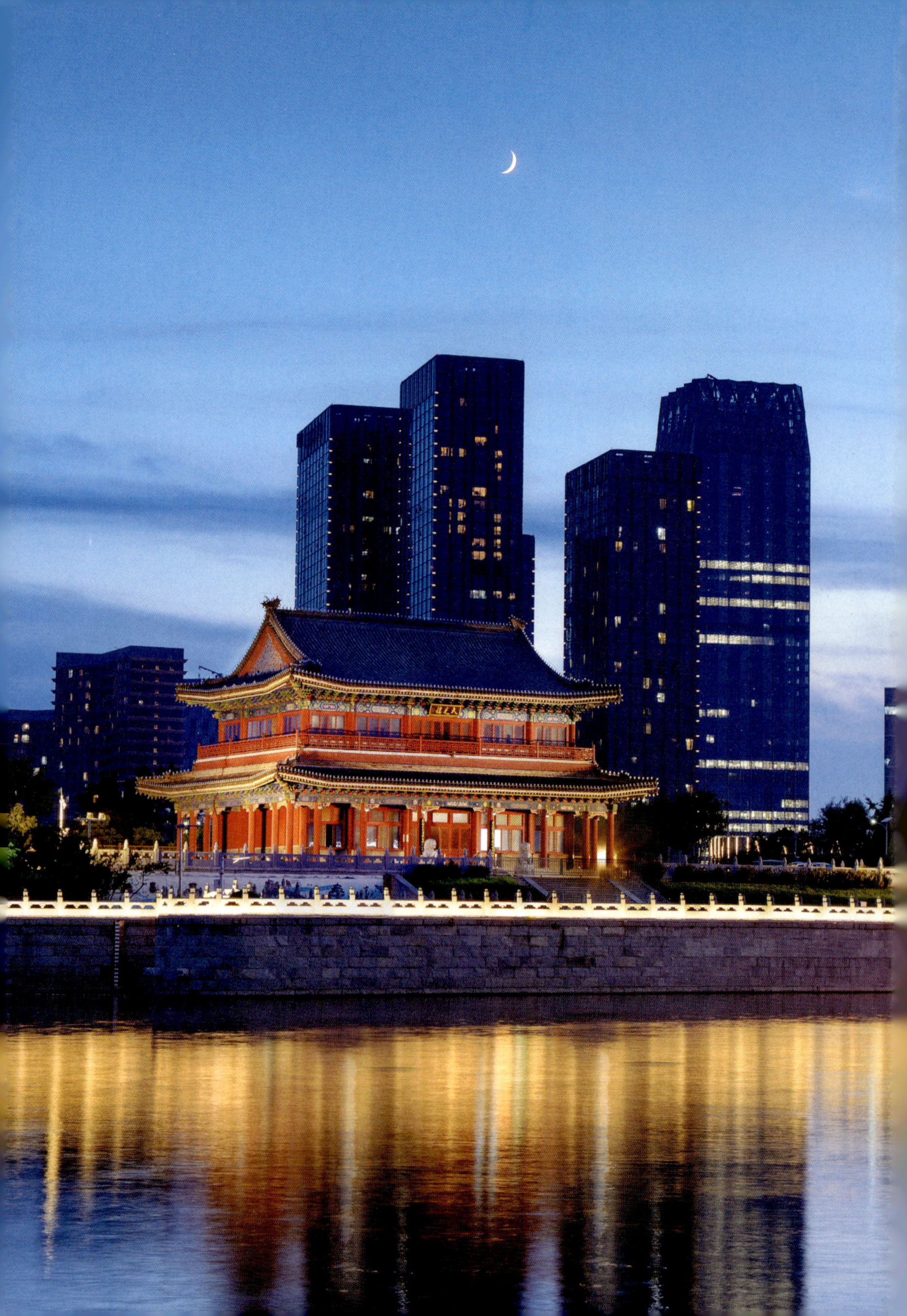

"走运团"精品线：

▶ 七孔桥

大光楼 ◀

▶ 北京城市图书馆

其他线路

线路1 追溯漕运历史线
二号码头—三庙一塔—北京大运河博物馆—北京艺术中心—城市绿心森林公园—大运河森林公园

线路2 感受古今交融线
永通桥—中仓仓墙遗址—通州区博物馆—北京环球度假区

线路3 跨越时空的艺术之旅线
张家湾博物馆—张家湾古城及通运桥—张家湾曹雪芹塑像—皇木厂村—宋庄艺术创意小镇

"走运团" 精品线

七孔桥 —— 大光楼 —— 北京城市图书馆

线路嘉宾成员

马家辉： 文化圈里的反差感大叔，喜欢并接受年轻的文化。
蒲熠星： 拥有属于年轻人的奇思妙想和生活方式，喜欢新奇的事物。
段志强： 可爱的历史知识输出担当，行走的"百科全书"。

在通州通过追溯漕运的历史足迹，探讨了解大运河在生活、娱乐、社交、生态、知识获取等方面对当代"人"的影响，人又是如何因为水而给城市注入了新活力。

准备好，
和我们一起走运河！

北运河上的古韵之桥

七孔桥

　　七孔桥就在大光楼正对的河道上，两者形成的"对景"关系确实是无心插柳柳成荫。从大光楼上看七孔桥，总有卢沟桥或十七孔桥一般的气势，而在桥上赏楼则有江边名楼之感。

　　说"无心插柳"其实是因为七孔桥本是中华人民共和国成立后兴建的水利工程，其"大名"是北关水利枢纽。此处为北运河、通惠河、运潮减河、温榆河、小中河五河交汇之处，控水责任巨大。而这水闸正巧妙地设置在七孔桥的桥洞内，这与广源闸形制相同，是桥闸一体的形式。七孔桥在设计之初有意将北京几座名桥的"精髓"凝聚其中，因此就有了"见桥眼熟"之感。

　　如果时间充足，还是建议"登桥"又"登楼"而两两互观，如此方才不虚此行。这也算是大运河在新时代营造出的独特景致。

▽夜幕下的七孔桥

燃灯塔其实是复建的

　　历史上的燃灯塔十分高大，是大运河上的一个显著的地理标识，见到燃灯塔就说明要进北京城了。但经过岁月的洗礼，最初的燃灯塔已不复存在，现在藏匿于高楼大厦间的燃灯塔是复建的，塔身比始建时高8米左右。

大运河 闪耀点 之 "五河交汇"

通州五河交汇处是温榆河、小中河、通惠河、北运河及运潮减河这五条河流的汇聚之地，因此得名"五河交汇"。这一地区不仅见证了千年的漕运兴衰，也成为了北京城市副中心——通州区的重要地标，燃灯佛舍利塔等古建筑，与周边的现代化楼宇形成古今辉映的景观。同时，作为京杭大运河的北起点，五河交汇处承载着深厚的历史文化底蕴，是通州乃至北京的重要文化遗产。如今，五河交汇处已成为运河商务区的核心区域，可能是因为这里历史上就有金融产业的基因吧。我们就从这里开始本条线路的旅程。

▽通州区京杭大运河"五河交汇"处

△ 大光楼与燃灯塔　　　　　　△ 燃灯佛舍利塔

从七孔桥看到的燃灯塔

阎： 过去漕船在运河上远远地看到这个塔，说明马上到通州了，塔是地标性建筑。

张： 没错！燃灯塔始建于北周末期，已有 1400 余年历史，见证了通州乃至北京的历史变迁，是古代漕运文化的重要代表。燃灯塔是通州古城的核心建筑，位于通州城北的京杭大运河北端，曾是漕船和商队的重要导航标志，也是运河文化的地标性建筑，被誉为通州的象征。

阎： 提问！夜晚的燃灯塔如何成为漕船的"指路灯"呢？

张： 没想到吧，燃灯塔其实没有"灯"，在塔刹上有一面铜镜，其作用是为大运河上往来的船只提供航标功能。

△ 走运团成员在七孔桥上漫步　　△ 夕阳下的通州北运河

通州 七孔桥

运河小锦囊

北京地区被列入世界文化遗产名录的大运河段有哪些？

通州区境内的通惠河通州段，西起永通桥，东至通州北关闸。

西城区境内的通惠河北京旧城段——什刹海（包括前海、后海、西海）。

东城区境内的通惠河北京旧城段——玉河故道（西起万宁桥，东至东不压桥）。

后来水运到通州怎么就截止了？

通惠河是一条闸河

通惠河一段一段的，全靠提闸放水把船提上去。所以后来只能在通州卸货，用驴车马车运到北京城里，北京城里也应运而生一大堆粮仓，如海运仓、南新仓、禄米仓，用来存放粮食。

这是从明代开始的，元代时可以一直行船到积水潭。因为明代修了十三陵，干扰了水源（被截断），不能再行船，而且当时不断地修建皇城，一些水系就变成了皇城里的水系，如北海、中南海。所以为了保证皇家的用水，水路运输到通州就截止了，从通州再往城里就改为陆路运输了。

007

△ 大光楼

漕粮进京第一关

大光楼

  从三教庙后门出来沿葫芦河行走，不多时就会看到运河岸边的大光楼，这里是明清两朝户部坐粮厅官员验收漕粮的地方。坐粮厅是明清时期的一个官署名称，创始人是明代万历初年的户部尚书王国光，设立的目的是方便京城军队支取粮饷。

  现在的大光楼是近几年在原址基础上复建的。不过，登斯楼还是可以一睹往日的运河风光。大光楼正处于通惠河和北运河的交汇之处，再

通州是"古代物流中心"

  通州当时是京杭大运河北段最大的水陆转运码头，每年 400 万石左右的漕粮要在此转运，通州因此繁华富庶，发展为漕运沿线的重要城市。

大运河上的塔怎么这么多？

这些塔在交叉口、终点、拐弯处都会有，类似航标塔的作用，一看就知道到哪里了。

通州 大光楼

远些的运潮减河也依稀可见。当年，从江南抵京的漕船正是在此排队等候验收。在漕运最为繁盛的时期，"堵船"的情形时有发生，据《光绪顺天府志》记载，彼时排队的漕船长达10余千米。

如今的大光楼已身处一片郁郁葱葱的文化公园中，大运河北端起点处的北关拦河闸就在楼前的河道上，从大光楼的阁窗西望，古老的燃灯塔正默默与之相对。当我们的目光从楼身发散向四周，就会发现大光楼的背景已然是一派现代都市的模样了。

来大光楼可乘地铁在通州北关站下车。周末也可以乘游船直接抵达楼前的码头。

> **地址：** 北京市通州区滨河北路与滨惠南一街交叉路口往东南约100米。
> **交通：** 可以选择坐地铁6号线到通州北关站下车；或者乘坐316路、435路公交车到岳庄站。

△ 坐落于高楼大厦之中的大光楼

009

△走运团成员各自设计的密符扇

验粮人的纪检符号——密符扇

"密符扇"的全称是"军粮经纪密符扇",是朝廷授予漕运军粮经纪人员的职级工作凭证,有"认扇不认人"的说法。"密符扇"上的密符是记录军粮经纪人身份的"密码",这种密符从明代开始就在运河漕运中使用。密符由最早担任军粮经纪的人按照自家的想法或是诨名、绰号创制。这些密符外人看不懂,但根据军粮经纪人在盛放粮食的器具上标的密符,再查看密符扇的记录,就可以知道是哪个军粮经纪人验的粮。密符扇,堪称明清时期运河漕运管理的见证物。

△正在模拟检验漕粮质量的走运团成员

通州 大光楼

大运河 闪耀点
之
大光楼与通州漕运文化

1. 粮食从南方运来之后，到大光楼要验收，这里专门有一个人群，即军粮经纪人，负责国家对漕粮的查验。"大光"取自《易经》：自上下下，其道大光，就是说你做事情一定要为百姓着想。

2. 大光楼是两层，历史上的这个大楼始建于明代的1528年。最早元代的时候南方的粮食是先到张家湾，距离大光楼是十多里。而在大光楼地区卸粮，是明代嘉靖期间北移过来的。

3. 每年农历三月初，是运河独有的节日——开漕节。开漕节始于明代，兴盛于整个漕运时期，直到清末随着漕运的消亡而淡出人们的视野。在开漕节这一天，官民会聚焦在石坝码头进行庆祝仪式，鼓乐喧天，气氛热烈。

4. 因为粮食的原因，通州地区酒业特别发达。历史上通州城有小烧酒胡同，张家湾附近一个村就叫烧酒巷。

△军粮经纪密符扇（清，通州区博物馆藏）

书山有路在此"径"
北京城市图书馆

△灯火通明的城市图书馆

我们常说"书山有路勤为径",可到了绝大多数图书馆里,我们更直观地感受到,平层的书架好像用"书海"二字形容更"靠谱"。不过,北京真的有一座"书山",而且足足三层楼高!

北京城市图书馆作为<u>城市副中心三大建筑、通州大运河畔的文化新地标</u>于 2023 年 12 月正式面向公众开放。它距离大运河博物馆的入口仅仅几步之遥,参观博物馆之后可以直接来这里,拾一本与运河有关的书,捧一杯香浓的茶,既能休息一下,扫去"打卡"博物馆的疲惫,还能让运河的精神食粮得以接续,幸福感定能满满拉起!

北京城市图书馆刷身份证就可直接进入。馆内 144 棵巨大的"银杏树"支撑起通透的屋顶,而每一片叶子又将室内的光线调节到最佳的亮度,难怪这里<u>被称为"森林书苑"</u>。

馆内的核心阅览区是分列在两边的巨型"书山","临山间、于树

世界上著名的藏书阁有哪些?

世界上著名的藏书阁包括天一阁、大英图书馆和美国国会图书馆等。

私人藏书馆与公共图书馆的比较

私人藏书馆，如天一阁的藏书主要面向特定人群，而公共图书馆则更加开放和包容，可以为更广泛的社会公众服务，让更多的人接触到丰富的书籍和知识。

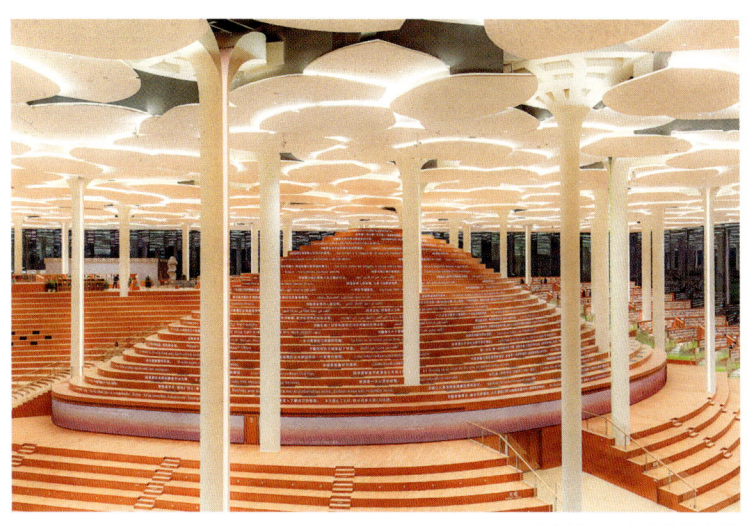

△北京城市图书馆森林书苑

下、勤阅览"是这里的设计理念。四周的 276 块玻璃幕墙则把馆外的景观拉进馆内。城市与山林融为一体，诗和远方尽在眼前。

特别值得一提的是，图书馆对儿童特别友好，除了可以自由地"登书山以观文字"，还有孩子们喜欢的元宇宙体验馆、少年儿童馆、少儿剧场、少儿影院和魔法书屋。

馆内还专门收藏了许多与北京运河、通州运河以及地方史志相关的书籍，只要在馆内的计算机系统内"下单"，用不了一会儿，国内最大的智慧机械书库里就会有"机器人"找到所搜的书籍，并用传送带送到您身边。

开放时间： 主馆每周一闭馆，周二到周日开放时间为 10:00—20:00。潞云筑 24 小时阅览室全年无休，周一至周日全天开放。

交　　通： 乘 317 路公交车，到小圣庙桥东站下。

△ 新亚历山大图书馆墙体　　　　　△ 墙体上面雕刻了来自世界各地的文化符号

图书馆是灵魂的疗养院

蒲： 图书馆为大家提供了一个学习的空间。

马： 说到空间我想起一个最著名的经典的图书馆——亚历山大图书馆，以前它的门外面就用拉丁文写着一行字"图书馆是藏书的地方，自由灵魂的空间"，就是说图书馆治疗你的灵魂。

马： 所以在那个空间里可以打游戏，可以看电影，可以刷题，可以读书。说到底图书馆的这种空间可以治疗灵魂，你的灵魂可以是受伤的，可以是有问号的，因为我们喜欢阅读的人都相信，埋藏在心中的问号，书里面总能找得到答案或是答案的线索，就看你要不要找，又懂不懂去找。所以治疗灵魂的空间，我感觉，那就是图书馆。

通州 北京城市图书馆

△在城市图书馆漫步的走运团成员

TIPS 马老师教你看书先关注什么

第一，看书先看版权页。版权页上面写得清清楚楚，哪年出版、是第几个版本，哪个出版社、哪家印刷厂、定价多少。

第二，闻一下书的纸张，可以感受出来这本书的用纸、油墨以及印刷的质感等。

运河小锦囊

北京又是山又是水的，它的地理位置算是好的吗？是一个适合建城的好地方吗？

人类文明有个特点，就是太舒服的地方和太不舒服的地方都不是很好。太舒服的地方呢，可能没有动力进一步地拓展，去发展，反正大家在这里过日子就行了；条件太恶劣，也没有可发展的基础条件。所以最好是有点挑战。

北京很有意思，从各种意义上来说，这个地方是个边缘，但是正因为它是不同地区的边缘，反而让它能变成一个可以把各个不同生态地区的人联系起来的地方，所以北京的历史是一个很典型的边缘变成中心的历史。当然也正是因为它是边缘，所以自然条件没有那么优越，就要大量的人工工程去补足，这些河就是经历过人工改造的。而现在北京的几条斜街，是由于有历史河道的原因，所以是斜向的。

中国古代皇家阅读和平民阅读的区别是什么？

皇家拥有丰富的藏书资源，皇家藏书阁里面收藏有经史子集等各类珍贵典籍，这些藏书是通过官方征集、编纂以及抄录等多种方式积累的。而且还能获取到一些民间禁止流传的孤本、善本。平民的阅读资源相对匮乏。普通百姓大多只能通过自己购买、借阅或者听书的方式获取知识。在印刷术未普及之前，书籍主要靠人工抄写，价格昂贵，一般平民难以拥有大量藏书，他们阅读的书籍种类也比较有限，主要是一些启蒙读物、通俗小说、农桑医书等。

马老师的故事

我曾经在图书馆哭过,流眼泪,就在现在那个牛津大学的图书馆。图书馆的那些书都用铁链锁着,因为在中世纪,知识这个东西掌握在神父手上,只有教会的人才有权利接触知识,然后再来解读给你听。所以那时知识是被垄断的,这样的做法也是为了巩固当时中世纪统治者的地位。所以牛津图书馆,有两层是那个时代留下的书,都用铁链绑着。记得意大利作家翁贝托·埃科的长篇小说《玫瑰的名字》,讲的就是修道院藏书的地方发生了火灾,但书没有全部救出来的故事。

我那一天是周末旅游去的牛津大学图书馆,摸着那个铁链,看着锁着的那些书,我就突然很触动,一方面觉得知识曾经有一个年代是那么珍贵,不像我们现在借阅或购买这么方便,但如果书要用铁链来锁着的,那么人类对知识谈何尊重呢?当然另一方面我也想到,当知识的拥有权、解析权仅在少数人手中,这真的很悲哀,所以内心百感交集,在博物馆里流下了眼泪。

△正在讲述自己亲身经历的马家辉

通州 北京城市图书馆

其他线路

线路 1
追溯漕运历史线

二号码头 —— 三庙一塔 —— 北京大运河博物馆 —— 北京艺术中心 —— 城市绿心森林公园 —— 大运河森林公园

通州大运河文化旅游景区
二号码头

△通州大运河森林公园码头

来到通州打卡大运河的必选项一定是"船游大运河"！随着2019年10月，大运河通州城市段航线的开通，我们终于有机会以"船客"的身份和视角来体验大运河了。

运河游船在每个草长莺飞的春天开航。目前，搭乘运河游船有多个码头可选，但线路不尽相同。来二号码头可以选择经典的"长航线"。此航线在长达1小时的时间里，往返于二号码头和漕运码头之间，全程途经千荷泻露大桥、运河文化广场、运河商务区、东关大桥、奥体景区、上营大桥、运通桥以及大运河森林公园等景区。

游船采用仿古画舫的形式，一楼有影音设备全程提供导览解说和视频画面，二楼的观景平台则可以在开船后随时登临，让你伴着"河"风赏两岸美景。特别值得一提的是"大运河夜航航线"也已经开通，每晚约有三班游船往返于二号码头。

此外，还有大光楼—漕运码头航线，这是目前已开通的最长航线，通常只在周末开行，每天有两个班次，是纵览通州段运河的绝佳选择，只是搭乘时要特别注意发船时间。另一个航线为"水上巴士"，它往返于漕运码头、柳荫码头之间，航线采用小型游船，航程较短，但特别适合近距离欣赏运河两岸的多彩细节。

游船在冬季或特殊天气情况下会停航，请在搭乘前一定从官方渠道确认好相关船次的安排。

古代漕运粮食的种类主要有哪些

在明清时期，漕运的主要粮食是稻米。明清京津一带的主粮是从南方运来的大米，这反映了"南米北面"的饮食特点。此外，漕运中还包括小麦、豆类等其他粮食作物。

019

"一枝塔影认通州"

三庙一塔

想要高效体验通州运河文化的话，这里向你推荐通州运河"三件套"——"一河一馆一塔"是也。一河就是大运河，可"船游"也可以在大运河森林公园漫步体验。一馆是"大运河博物馆"，而一塔便是作为通州运河标志的"燃灯塔"和其所在的三教庙了，它们也被称作"三庙一塔"。

不用问，"三庙一塔"一定是在大运河岸边，因为这座塔本就是"河"的附属物，它与那颐和园的铜牛、万宁桥边的"蚣蝮"一样都是大运河的"镇物"，同时也是南来的漕船抵达通州的航标，正所谓"无漾蒲帆新雨后，一枝塔影认通州"。通州燃灯塔和临清舍利宝塔、扬州文峰塔、杭州六和塔并称为"运河四大名塔"。时至今日，这座千年古塔仍然是北京城市副中心和世界文化遗产——中国大运河（北京段）的标志。

燃灯塔是燃灯佛舍利塔的简称，据史料记载此塔建于北朝时期，距今已达 1400 余年的历史。其后，在唐贞观、元大德、清康熙等时期都有过"毁后再建"的经历。1976 年受唐山大地震影响，塔身受损。直到 1985 年燃灯塔开始进行修缮工作，重建塔基。1987 年重修塔顶，燃灯塔得以重回世人面前。

<u>燃灯塔呈八角形</u>，高 48 米，共有 13 层。首层有塔室，室内供奉燃灯古佛。塔身各层有挑出的"斗拱"，其实这些斗拱并非榫卯结构的"木质品"，而全部是由砖所砌。它并不起支撑作用，仅仅是作为建筑的装饰。

燃灯塔下层部分砖雕纹饰极为精美且形式多样，两层的须弥座束腰收分恰到好处，其间布满多种几何、花草纹样和金刚力士像，莲花宝座

漕运鼎盛时期通州粮仓的存储量

在明代，通州粮仓的仓储量占据京城的三分之二，约为 300 万石。永乐八年（1410 年）运达北京的税粮为 201 万石，此后基本维持在 200 万~257 万石，最高达到 642 万石。正统年间，通州粮仓的仓储量占据京城的五分之三，约为 300 万石。

上则承托起密檐的宝塔塔身，这些都呈现出十分典型的辽塔建筑风格。通过与其他现存辽代佛塔相对比，这座燃灯塔无论是在技术上还是在艺术上都可以称为塔中的佼佼者，是极为难得的辽代建筑艺术珍品。

除了精美的建筑装饰，燃灯塔还有几大看点尤其值得细细品味。

第一是高挑的"塔美人"。你可以站在稍远一点的地方去观之，这座塔从第二层到第十一层，塔的八角边长仅仅向内收缩了18厘米，十一层到十三层仅仅收缩8厘米，这就使得整座塔从视觉上显得十分俊秀而挺拔，而不像常见的砖塔略成一个细长的等腰三角形。试想一下，沿着大运河千里迢迢南来的漕船，在十几千米外看到这高挺的通州燃灯塔时会是怎样的一种激动心情。

第二是苗条的"塔美人"。据测绘资料显示，燃灯塔首层宽是9米，这与48米的塔高相比是1∶5.33，这一比例比绝大多数砖塔小得多，这就意味着它的身材更"苗条"。而能够实现这样"小比例"

▽文庙大成殿与燃灯塔

的做法也展现了当时工匠对建筑力学的深刻理解和高超的施工技巧。难怪这古塔很早便以"古塔凌云"列为通州八景之一，就连北京大学未名湖畔那著名的"博雅塔"都是仿造它的外形而设计的。

第三则是会讲故事的"塔美人"。这个"美人"不但漂亮，更会讲故事。在1000余年的历史中，围绕着塔、河、船、运、人，一个个既饱含着浓郁乡土气息，又体现着强烈运河特色的精彩传说被百姓创造出来。尤其是那"宝塔镇河妖"的故事流传最广，还被列入了北京大运河非物质文化遗产名单（传说类）。

除此以外，据说这座古塔上还有一尊猪八戒的神像，你不妨绕塔几圈看看能否一眼识得。

燃灯塔所在的院落后面就是"葫芦河"，这里在金代曾是闸河的遗址，明代则称为"换船码头"。漕船抵通州后，将全部漕粮搬转至较小的船只，再由通惠河运至京城粮仓。

三教庙在燃灯塔的前院。这片建筑群包含位于中部的儒家文庙、东侧的佛教佑胜教寺和西侧的道教紫清宫，三者呈"品"字形分布。这里三"庙"共处的格局是全国现存唯一的一处。同时，此处不同宗教建筑可以和合共存的现象也正体现了大运河影响下人们的包容性和实用主义精神。

文庙的历史比北京城内的孔庙还要早4年。大成殿内供奉着大成至圣先师孔子的牌位，这里曾是通州的县学。目前，文庙内的建筑已基本按照清末格局恢复完成，并设有与科举文化相关的主题展览。道教紫清宫内据说曾立有一尊红孩儿的塑像，因此这里也被称为"红孩儿庙"。佛教佑胜教寺目前也已恢复了佛像和佛事活动，可谓"三宝具足"。

一支再度扬起的"运河风帆"
北京大运河博物馆

通州 北京大运河博物馆

北京大运河博物馆集章攻略

馆内的文创店、运河书屋、运河小铺等地都可以免费盖章。

北京大运河博物馆以最集中、最完整、最"科技"的方式为我们展现了北京大运河丰富多彩的人文内涵和独特神韵。

北京大运河博物馆于2023年年底正式向公众开放。它巨大的风帆造型是给远观者的第一印象。然而，当走近后才会发现博物馆其实是由两座建筑组合而成。入口处是共享大厅，形如帆，南侧的为展陈大厅，形如船。在"一帆一船"之间仰望，又好像两艘巨大的漕船航行在运河上，略有些倾斜的造型宛若那"千帆竞渡、舳舻蔽水"的热闹场景，让人顿觉震撼。

大运河博物馆的共享大厅以服务设施为主，二层的"码头小叙"

▽北京大运河博物馆

△元，鲜于枢行草书韩愈《进学解》卷

△元，钧窑天蓝釉花口双耳连座瓶

是咖啡厅，也有简餐，地下一层的"运河食舫"则供应中餐，这里的菜品都有着运河的特色。餐厅旁边的巨型屏幕千万不要错过，这里用超大场景动画的方式为我们还原了大运河通州段上繁忙的场景，卸货的码头、鳞次栉比的商铺、古老的燃灯塔以及琅琅书声的文庙县学，画面庞大而唯美，昼夜间的场景变换让你有一种强烈的沉浸感。

博物馆的基本陈列在展陈大楼的 3~6 号厅，这里以"北京与大运河"为主题全面展示了这座城市丰富的运河历史文化。进入 3 号厅后，首先回顾了中国运河营造和漕运的历史，从春秋战国到魏晋南北朝，再到隋唐五代时期。在这一部分也向我们说明了大运河在春秋战国以及隋唐时期开凿的历史原因和营建过程。一张"隋唐大运河联通陆上丝绸之路和海上丝绸之路示意图"十分值得关注，这张图把隋唐时期大运河和两条丝路的连接关系清晰地呈现给了观者，这提示我们思考"大运河 + 丝路"对文明交流的影响力量。当中国的大运河与连通世界的丝绸之路相衔接后，它的作用与影响可能远超过最开始的漕运了吧。

"元代运河"是另一个重要的展示单元，这里的多张元代大都城地图，以不同的视角展示了大都城与水、湖、漕运之间的关系，这对

通州 北京大运河博物馆

于"运河粉丝"来说是十分难得的资料。用手机拍下来可以作为后续探索北京运河水系的重要参考。都说郭守敬从白浮泉引水到大都城是一个奇迹,那他究竟是如何做到的呢?展厅用一整面巨型的屏幕为我们还原了它的"科考"方法和过程,特别是它的水准仪和"五点一线"法简直就是那个时代的"神来之笔"。展厅还以图片加实物的方式展示了另一个古人治水的"黑科技"。郭守敬开凿的引水渠和山间溪流不免有交叉之处,为了避免夏季山洪冲毁人工渠道,他发明了"清水口"交叉工程,通过可调控的"自动溃坝"装置解决了"疏与堵"之间的矛盾关系。"元代大运河"这一部分还运用大量的室内实景展现了当年繁华的运河古港——积水潭的街巷风貌,十分具有沉浸感。

△清,外粉彩内青花镂空花果纹六方套瓶

△明,"子刚"款白玉夔凤纹玉卮

明清时期的展厅更加注重运河对**北京城市文化影响**的解读。从紫禁城到皇帝龙袍、从金砖到文房四宝、从会馆举子到宗教信仰,在每一个展板与实物之间都向你诉说运河对这座城市细致而又深远的影响。

第6展厅展示了大运河列入世界遗产的情况,那张正式被列入世界文化遗产的证书原件想必是我们打卡+合影的必选项。

除上述基本陈列以外,北京大运河博物馆还经常举办高质量的临时展览,出发前可以查看一下相关信息,以便给自己留出足够的时间。

开放时间:每周二至周日 10:00—20:00,每周一为闭馆日。
参观预约:免预约,持有效身份证即可。
交　　通:乘公交车 317 路到上码头路下,后步行 300 米左右。

艺术闯进"大粮仓"
北京艺术中心

刚从"森林书苑"读了本有关北京大运河的书，一出门便看见眼前三座巨大的"粮仓"，是南新仓吗，还是通州的中仓？你会有这样的时空错觉。

"城市图书馆"的后面是北京艺术中心，它把运河粮仓上瓦的形象嫁接到了三座体量巨大的剧场上，远远看去的确"仓"味十足。粮仓人字形的屋脊形象还转化在"艺术中心"的立面上，结果在玻璃幕墙的衬托下好似舞台的大幕徐徐拉开。此刻，运河、粮仓、艺术、舞台、建筑几个不甚相关的符号被整合在了一起，让人不禁感慨这巧思妙想的设计。

北京艺术中心作为国家大剧院"一院三址"的组成部分，以最高的标准打造"大戏看北京"的文化名片。这里共有歌剧院、音乐厅、戏剧厅和室外剧场四块演出场地。仅 2024 年计划安排的演出数量就达 300 场，几乎是天天有大戏，日日上好戏。

为了达到最好的演出效果，这里到处都是剧场版的"黑科技"。一种带有肌理的树脂材料用在了戏剧厅的墙面上，它既有木料的质感又避免了木材因拼贴所带来的缝隙；音乐厅也不甘示弱，据说这里所有你能看见的东西都是声响效果的反射器，就连椅子也是如此。难怪有人说，在这里听音乐会就像坐在高保真的音箱里。

2023 年 12 月，一场名为《运河谣》的民族歌剧在此上演，运河边的旋律在歌剧厅回响。剧中的女主角水红莲在河岸边唱道："一条运河千里长，运河两岸是故乡，几多英雄从此出，青山夕照水悠悠……"

古时候有文创产品吗

古人的文物中有一类名曰"巧器"，即今日所说的文创产品。例如，新石器时代人形彩陶罐、清末《欧亚战记》梳妆台书、小狗簪子铜锁等，都是古人创意与实用结合的佳作。

通州 北京艺术中心

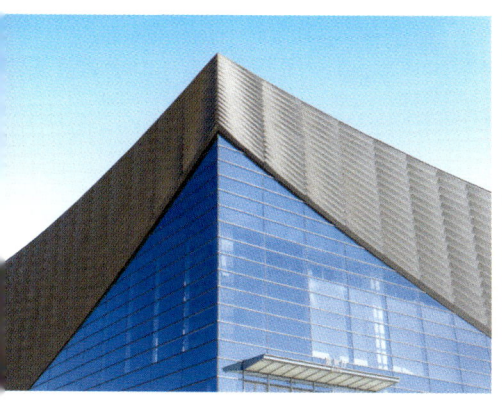

△以通州古粮仓为灵感建造的北京艺术中心剧场

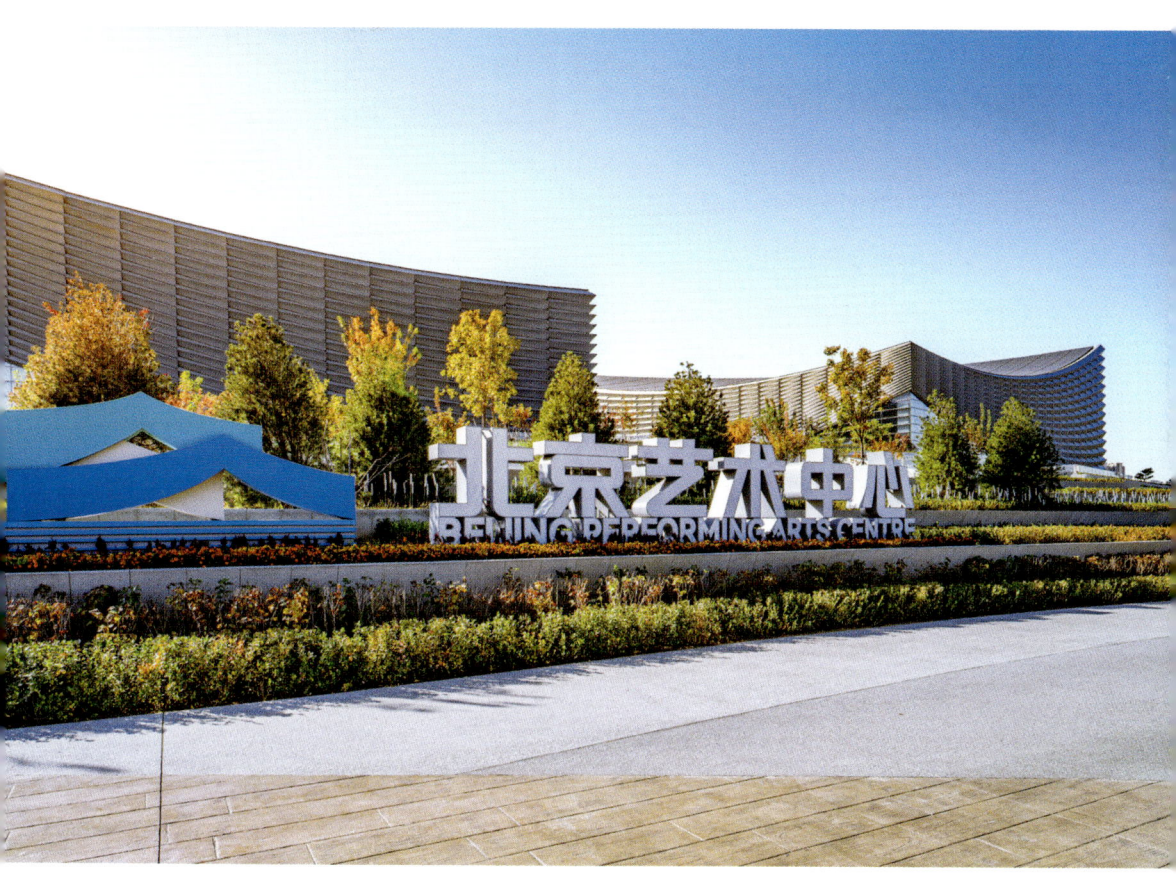

△北京艺术中心

让生态恢复可以"亲眼可见"

城市绿心森林公园

△城市绿心森林公园

△森林公园秋天景色

2020年9月29日，就在大运河森林公园的边上又一座更大的"森林公园"——城市绿心森林公园正式开园，公园占地面积达11.2平方千米。三年后，三大文化地标：大运河博物馆、城市图书馆和北京艺术中心都身处它的环抱之中。那么为何再建一座如此巨大的城市公园呢？答案是：恢复生态！

其实，这里曾经是一大片老工业生产基地，原东方化工厂、东亚铝业等工业厂区就在这里。为了让这里的生态得以恢复，公园以最贴近自然环境、最接近森林景观的方式对曾经的污染区域进行全面治理，有些保育区甚至采用"软隔离"、有限开放的方式让生态环境得以慢慢恢复。

今天，这里更像是一个寻找自然演替过程的"森林观测站"，让我们有机会慢慢观察人类自己是如何保育新的、更健康的自然生态。

城市绿心森林公园免费开放，但因面积巨大，最好能在出行前规划好路线，以免"误入藕花深处"。

中国古代最早的公园

有观点认为中国古代最早的公园是周文王时期的"灵囿"，据《诗经·大雅·灵台》记载，周文王"作灵囿，内有灵台、灵沼，且与民共台池之乐"，这说明当时的灵囿已具备一定的公园属性，可供百姓游览、观赏、娱乐。还有人认为西汉酒泉胜迹公园是中国古代最早的公园，其始建于西汉时期，清光绪年间左宗棠捐资再次修缮后向公众开放。

通州 大运河森林公园

漫步运河正当时

大运河森林公园

古代也有垃圾分类？

唐朝时出现了如渣斗等专门用于收纳特定垃圾的容器，如肉骨鱼刺等食物渣滓用渣斗收纳，且根据其口径大小不同，可按需使用，大的置于桌席盛放餐桌垃圾，小的装茶渣和废水，这体现了对不同类型垃圾的初步分类收集意识。宋朝时期，出现了专门处理垃圾的职业，有人因此发家致富，宋朝还设置了"街道司"管理城市环境卫生。

到通州寻运河有"一内一外"两个方式。所谓"内"就是走进大运河博物馆，文物、图片和实景模型立体地再现了大运河的多彩风貌，"外"则是走进大运河森林公园，在这里你可以亲身感受运河里的水、运河上的风，还有那运河两岸的别样风情。

大运河森林公园以北运河河道为核心，以森林公园的方式将一系列运河文化、自然生态景观和休闲娱乐设施融合在一起。

这里有长达 8.6 千米的运河河道，你可以漫步岸边细细体会运河淡雅宁静的气质；也可以寻一个码头，直接登船畅行于水上，遍访两岸古今融汇的运河风光。公园里还有很多大小不一的运河文化景观，它们分散在各个角落，等待着为你讲述通州运河文化的故事。

柳荫广场码头附近还有一座名为"京杭大运河书院"的地方，这里的很多书籍与运河有关，还有不定期的讲座和活动也很值得关注。

▽大运河森林公园码头

线路2
感受古今交融线

永通桥 —— 中仓仓墙遗址 —— 通州区博物馆 —— 北京环球度假区

又名八里桥

永通桥

通惠河行至朝阳区和通州区的交界处就会穿过一条造型独特的石桥，这就是永通桥，不过它的"俗称"似乎名气更大，这就是中国近代史上两次抵御外辱侵略的战争发生地——八里桥。

八里桥因距通州城关八里而得名。此桥为三孔石拱桥，建于明正统十二年（1447年），桥长60米，宽达16米。古桥的石栏杆上有33只精美的石狮，各个惟妙惟肖，生动可爱。桥两侧岸边的镇水兽则雄健威武，默默踞守岸边，伏波安澜。

八里桥的桥洞很有特色，它的中洞十分高大，几乎相当于两侧桥洞的一倍。这样的设计保证了运河上的漕船可以直接通行，而不需"过桥落帆"，增加了通航的效率。当然，在民间还围绕着"不落帆"的通航便利衍生出一个个质朴可爱的民间传说，其中尤以《八里桥不挽桅》最有名。

传说，有一年天遇大旱，京城所有粮仓的粮食都被耗尽，于是，朝廷紧急调集大量漕船运江南粮食周济北京。然而，船队行至八里桥时却遇到了前所未有的"大堵船"，问其原因竟是江南高大的船帆无法直接通过，只能把粮食由大船转到小船后再运至北京，这大大降低了运输速度，京城上下焦急万分。正在这紧要关头，一位给船工做饭的老汉有了主意，他看到自己做饸饹面的工具说，这饸饹床就像八里桥，这活动的"把儿"就像

△八里桥风光景色

桅杆，如果把桅杆也作成这样可以随时放倒的形式，那漕船不就可以自由通过八里桥了吗？于是，船队纷纷改换桅杆，一队队漕船很快就通过八里桥将粮食运到了京城。故事在最后的结尾还告诉了人们一个秘密，原来那做饸饹面的老汉就是"鲁班"。

  故事传说自然有其无法仔细推敲的特点，然而值得我们肯定的是运河两岸百姓赞颂智慧巧思、向往美好生活的内心愿望与诉求。《八里桥不挽桅》的故事也被列入"北京大运河非物质文化遗产名录"。

  八里桥的传说故事总是美好的。然而近代的八里桥却见证了外国列强侵略中国的事实。由于八里桥所处的重要地理位置，1860年9月入侵的英法联军和僧格林沁率领的清军在此展开激烈的战斗，结局以清军惨败、北京防线失守而告终。一个月后，英法联军火烧了圆明园。

  至此，作为一座运河桥梁的八里桥已不仅仅是一处水工遗迹，更成为中国近代史上的重要历史发生地和纪念地。于是，我们来此探访大运河魅力的同时恐怕又多了一份沉甸甸的心情和不能忘却的记忆……

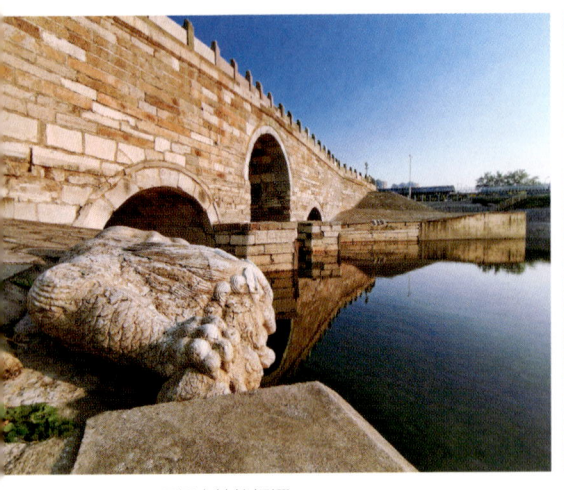

△八里桥奇特的桥洞

△八里桥石狮子

一抹墙的片段记忆
中仓仓墙遗址

通州与粮仓

通州不仅是漕运重镇，更是漕粮的仓储重地。清代初期，为储存这些漕粮而设立了皇家粮仓——"京通十三仓"，朝廷在通州设有两座大型国仓，西仓与中仓。坐粮厅署仿照京城户部衙署规模，建房200余间，堪称"小户部"。京通各仓规模很大，具体的廒数如下：禄米仓57廒、南新仓76廒、旧太仓89廒、海运仓100廒、北新仓85廒、富新仓64廒、兴平仓81廒、太平仓86廒、储济仓108廒、本裕仓30廒、丰益仓30廒、通州中仓108廒、西仓142廒。

与北京市内的南新仓、禄米仓一样，在大运河的通州码头处也建有三座大型粮仓，它们均建于明永乐初年，总称为"通仓"。其中，中仓因正好位于三座粮仓中间的位置，故得此名。明正统元年（1436年），这座粮仓被正式定名为"大运中仓"，主要用来供应守卫北京与长城部队的粮饷。明隆庆三年（1569年），大运东仓并入此仓，使其规模进一步扩大。到了清代，"通仓"成为北京八旗官兵及王孙贵族领取俸粮的地方，具有重要的战略和民生意义。

随着历史的变迁，现在的"通仓"已不复存在，仅留下150余米的中仓仓墙遗址。从通州区博物馆出来向西走进中仓路就可以看到。站在遗址上方，我们很难想象这个长400米、宽270米的区域内，曾建有140座仓廒，比鼎盛时期的南新仓还要多出一倍。但曾经的千仓万库如云烟，目光所及仅剩一个巨大的石碾和那棵老槐树……收藏于通州区博物馆的"军粮经纪密符扇"是我们追忆这段历史的重要文物。

地址： 位于通州区中仓路10号。
交通： 乘公交车804路、806路到新华大街站下，后向南步行400米左右。

四合院里的博物馆

通州区博物馆

通州区博物馆坐落在新华东街的一处高台上，我们在本书中所介绍的大运河中仓仓墙遗址则位于博物馆西侧的中仓路内。这两处景点放在一起游览更为高效便捷。

通州区博物馆于1992年开放，2016年重新布展开放后引入了更多高科技视听演示手段，尤其在对大运河的展示方面可谓更具观赏性和教育性。

博物馆馆址处原为"三官庙"，供奉赐福天官、赦罪地官、解厄水官三位神祇。民国及抗战时期，这里曾被"反动组织"占据，直到中华人民共和国成立后才被全部取缔。

目前，通州区博物馆为二进四合院式建筑群，新辟的北门是博物馆的主入口，院落内装饰古朴典雅，"通州八景"的苏式彩绘是了解通州古城景观，特别是运河景观的生动图像。

博物馆内正厅主要展示通州古代史和漕运文化史两个主题。通州的名称就是

来自运河"漕运通济"之意,正所谓"一京(北京)、二卫(天津)、三通州"。把它们并置在一起,可见通州之于京师的重要地位,同时,我们也看到古代通州的兴盛与大运河、漕运有着密不可分的关系。

尽管博物馆的面积不是很大,但馆内与大运河相关的展品着实不少。漕运司署铁狮子是通州区博物馆的镇馆之宝。当年作为漕运的重要码头,京畿都漕运使司的分司属设在了通州,专门负责漕运之事。在不同朝代,这里的官衔也可为三品或四品。馆藏的铁狮子正立于其衙署的大门前,是古代漕运行政管理的实物见证。

参观通州博物馆和"中仓仓墙遗址"后,可在这附近寻得"清真大顺斋食品店",这里的糖火烧可是京城一绝。在明代,南京的回族小伙子"大顺"沿着京杭大运河来到了北京。大顺自己制作糖火烧和各类江南糕点,他家的糖火烧咬上一口又酥又软,芝麻酱和桂花两种香味调和在一起,再加上红糖的微甜,那真是绝佳的美味。更为神奇的是,不加一丝一毫"防腐剂"的大顺斋糖火烧竟然可以存放三个月而不变质,这对于古代乘船从京城返回江南的漫长行程来说,美味又便携的糖火烧恐怕是最好的主食了。据说,当年就连去麦加朝圣的阿訇也会带上这大顺斋的火烧,尽管路途漫漫,艰辛无比,但行囊中的糖火烧不馊不坏,成为旅途中人充饥的上品。

博物馆、中仓仓墙遗址,再加上一块糖火烧,这也算此段运河之旅的经典组合了吧。

运河岸边的极致"梦幻之旅"
北京环球度假区

北京环球度假区于 2021 年开园，因其多样的建筑风格、极强的沉浸感与参与性，成为无数年轻人和亲子家庭来北京的必选打卡地。

北京环球度假区位于通州区的运河岸边，目前可乘坐地铁 1 号线八通线或 7 号线至"环球度假区站"下车，也可自驾或打车前往，打车可停在即停即走区域，停车费用因距离园区入口远近有所区别，现场有指示标识，可根据自己的预算选择，有时候 App 上会有优惠券，可提前查找使用。

北京环球度假区目前有 7 大主题园区，游览前建议下载"北京环球度假区"App，实时查看各项目排队时长，根据个人喜好合理安排先后顺序。

度假区公认最刺激的项目是变形金刚区的霸天虎过山车，这个"大玩具"的玩法是弹射启动，适合追求刺激的你，"胆小人群"可要谨慎选择。不过鹰马飞行属于低配版的过山车，大约 30 秒，想体验刺激又不敢太刺激的，可以试试。

拍照最出片的是霍格沃茨城堡，其中的哈利·波特禁忌之旅也是园区人气最高的项目之一，4D 骑乘，沉浸感极强。晚上的灯光秀也在这里，如果想选择好的观赏位置，需要提前进入该区域占位。

花车巡游往往带来超高的人气，通常每天一场，表演时间可在 App 上查看。功夫熊猫区和小黄人乐园的项目相对温和，对儿童和老人是相当的友好。通常各项目排队时长在 30 分钟以上，但那些人气较高的项目排队时间会更长，可根据自己的喜好和体力、时间等适当取舍，预算充足的可考虑优速通或 VIP 服务等方式减少排队时间。

关于就餐也有"学问"，园区内人气最高的餐厅是三把扫帚餐厅，以西餐为主，推荐排骨和烤鸡拼盘，但一般排队时间较长。如果喜欢中餐，平先生面馆的各类面条和琥珀岭餐厅的各种盖饭是不错的选择。

△哈利·波特城堡灯光秀

△环球影城小黄人周边

△环球大巡游花车

线路3 跨越时空的艺术之旅线

张家湾博物馆 —— 张家湾古城及通运桥 —— 张家湾曹雪芹塑像 —— 皇木厂村 —— 宋庄艺术创意小镇

来自"镇级"博物馆的知识加油站
张家湾博物馆

穿过一片居民区就到了张家湾博物馆，它与张家湾古城墙、曹雪芹像距离都不远，可在一起游览。张家湾博物馆是<u>全国第一个镇级博物馆</u>，建馆已有十年的历史，博物馆外立面被装饰成上下连绵的半圆形幕墙，宛若一张巨型的船帆朝向不远处的萧太后河。

尽管这里是一家镇级的博物馆，但是两层楼的规模已不算小。以大运河和漕运为主题共计 <u>12 个展览单元</u>，向来访者全面展示了张家湾之于大运河的点点滴滴。

进入展厅，一个巨大的船锚置于十分醒目的位置，这是从古河道中打捞而出的原物，告诉我们这里曾经是大运河上最重要的交通枢纽之一。实物沙盘则重现了当年"皇木"运送至此上岸的繁忙场景，"河中"的木排则让我们可以直观地看到这些巨大木料的运输方式。展厅内还复原了张家湾通运桥的局部，当你从桥面上走过时一声声此起彼伏的叫卖声、吆喝声、运河上的号子声不绝于耳，一下子便可以把你拉回到那张家湾作为运河古镇的时光。

地址： 北京市通州区太玉园中路 5 号。
交通： 乘公交车 806 路到太玉园公交场站下，后步行 100 米。

一千年的运河"情缘"
张家湾古城及通运桥

"一桥一河一古城",这是张家湾运河"打卡"的经典"三件套"。然而,它们分属不同的时期,也有着不同的经历,这里也应该是每一个"运河粉丝"的必到之地。

张家湾的运河故事可要从辽代讲起。辽统合年间,为了解决辽南京城(今北京)的粮食问题,便打通了一条从辽东运往京城的"海运"+"河运"大通道,其中张家湾这里的运河便是连接辽南京城与北运河的重要通道,此段运河开凿成功后便取名萧太后河。

元代,郭守敬开通惠河也是借萧太后河与潞河相连接,从此,萧太后河上的漕船便可直接驶入大都城的终点码头——积水潭。到了明朝前期,由于西来水源的不足,通惠河漕运功能逐渐消失,再加上皇城的修建致使积水潭码头无法使用,因此这里便成为京杭大运河的终点码头,这也迎来张家湾最辉煌的时刻。一时间,南来北往的商旅纷纷由此登陆上岸,漕运的商船在此转为陆运。

明嘉靖四十三年(1564年),为了抵御倭寇和残元势力,保证漕运命脉的安全,作为水陆会要的张家湾抢筑了城墙与城楼,并以萧太后河作为南护城河。河上还建了木桥一座,以便南北通行。《钦定日下旧闻考》中记载城垣:"周九百五

△ 通运桥石狮子

漕粮的等级

各仓储存之米根据成色分成不同的等级。白米和次白米,指的是优质稻米和次级稻米;糯米被称为江米;有些稻米因潮湿泛黄,被称为老米,口感较差;更差的则是米色已红的桟子米。此外还有小米,即粟米。官员按不同的等级,领取不同的米种。王公贵族、一二品官员可以享用白米、次白米、江米、粟米,官位低微的官员则只能领取老米和桟子米了。八旗兵丁所领之米主要为老米、桟子米和小米,每个季度以佐领为单位,雇用车夫到各仓场领米。

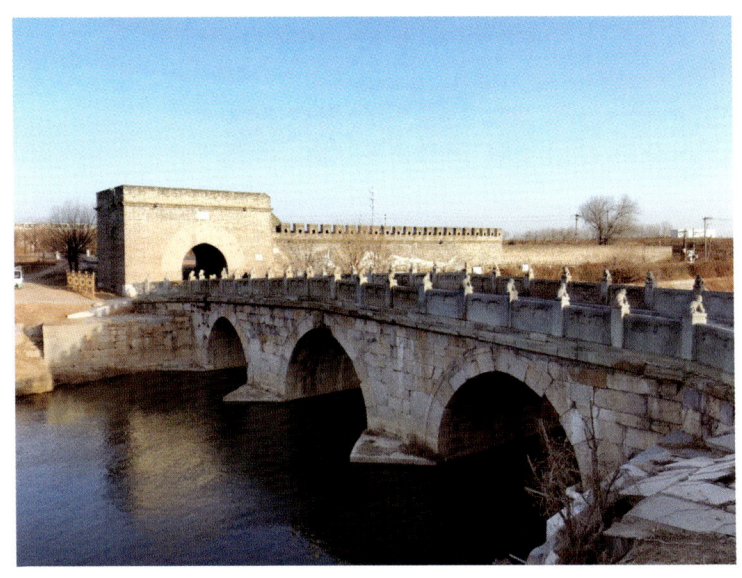

通州　张家湾古城及通运桥

△张家湾古城与通运桥

丈有奇，厚一丈一尺，高视厚加一丈，内外皆以砖。"由于运输量的加大，为确保安全，河上的木桥于万历年间改为一座三孔大石桥，这就是眼前的通运桥。至此张家湾的运河"三件套"营造完毕。

今日，张家湾古城墙及城楼经修复后仅存此一段，而城南的跨水通济桥却还保存得十分完整。这里来的游客通常不多，你尽可以悠然地穿过古城门洞登上通济桥。然而，越是游客寥寥登桥反而会有一种惆怅之感。大石桥的桥面没有做现代技术上的处理，巨大的石板路上依旧保存着400年来一道道深深的车辙。桥栏杆和栏板虽有所修补，但哪里是当年的"老构件"你一眼便可识出。每个望柱上都有狮子，难怪当年留下的文献提及通运桥时，首先便将它与城西的卢沟桥相比较。桥栏板上的"两面浮雕宝瓶"装饰据说也是全国独有，十分珍贵。

清嘉庆十三年（1808年），由于洪水淤积了张家湾的河道，随后这里不再作为漕运的码头，张家湾也慢慢淡出了运河的历史。200多年后的今天，大运河已经成为世界文化遗产，这里也因运河文化而再次兴盛，这也许就是张家湾"一桥一河一古城"与大运河的缘分吧。

《红楼梦》中的场景近在眼前

张家湾曹雪芹塑像

　　曹雪芹的塑像就在离张家湾通运桥不远的马路边上，很多人对此不解，为什么这里有一个曹雪芹的塑像呢？

　　如果你对《红楼梦》和大运河都感兴趣的话，来张家湾考察运河遗迹不能不说是你的幸运。谜一样的《红楼梦》和曹雪芹给我们留下太多可以追问的话题和想象的空间。曹雪芹确实和张家湾有着十分重要而紧密的联系。曹雪芹的叔叔（也有一说是父亲）曹頫在给康熙上报自家财产的时候明确提到："通州典地六百亩，张家湾当铺一所……"这说明曹雪芹在张家湾是有自家财产的，而曹家从江南回北京通常也要在张家湾码头驳船上岸，这使得曹雪芹对张家湾一地应该是非常熟悉的。因此有学者就顺藤摸瓜，考证出《红楼梦》中的花枝巷、馒头庵、铁槛寺、地藏庵、栊翠庵等的原型都来自张家湾古镇，曹雪芹家族的典当生意也给他创作《红楼梦》中的诸多典当情节带去鲜活的生活体验和经历。

　　总而言之，无论是从史料还是《红楼梦》的文字中，都能找到许多与张家湾以及运河码头生活相关的信息。难怪，2024 年中国红楼梦学会、北京曹雪芹学会等几家单位共同颁布了七处与曹雪芹在北京生活相关的"足迹点"，并以此形成主题文物游径供人们访古探究。而此处的张家湾曹雪芹塑像和旁边的归梦亭自然是其中重要的一处，只是若要来此尽量开启导航定位为好，夏季树木茂盛之时，一不留神就会错过。

△线装曹雪芹《红楼梦》，中国江苏南京博物院馆藏

张家湾的皇家"建材加工厂"
皇木厂村

通州运河开漕节

"河冰初解水如天，万里南来第一船。"在明清时期，每年农历三月初一，随着河流解冻，第一批装载着南方漕粮的船只抵达张家湾码头，运河边都会举办"开漕节"以求风调雨顺。

明初，由于通惠河的水位过低，不足以承担建设物资的运输任务，通州便成为重要的货运码头、物资储备地。从张家湾出来步行约 2 千米便可抵达皇木厂村，从名字上就可以推测出这里曾经是皇家木材的储藏地和加工厂。从明永乐四年（1406 年）到嘉靖七年（1528 年）这 100 余年间，从云贵川等深山老林中采集来的珍贵木材经过数年的艰辛运输终于抵达通州张家湾，材料上岸后直接搬运至此，朝廷还专门在这里设立了管理机构以监督和保管这些珍贵的建筑材料。然而，随着后来运河河道的泛滥，皇木厂也深受其害，大量皇家珍贵木料被冲走，甚至沉于运河河底。中华人民共和国成立以后，人们多次在古河道中发现巨大的木料，实证了此处确为当年皇家木材的储存加工之地。

除了木料，这里曾经还是加工花板石材、制盐、烧砖等多种物资的"产业园区"。进了村大门后不远处的巨大石料堆就是最好的说明。从运河运输而来的山东石材在这里被裁割成石板，再陆路运往京城的建筑工地。只不过此处的这些石料可能也受到水患的影响而最终留在了皇木厂村。

村中的另一个看点是一株老槐树，据说它是当年管理皇木厂的官吏所植，距今已有 600 年的树龄。在几次可能被砍掉或破坏的"节骨眼儿"上，村民都极力把它保存了下来。如果，当年的"皇木"要是没有被洪水冲跑而留下几根，相信村子里的百姓也一定会把它保护得和这古树一样好。

交通： 乘地铁 1 号线到临河里站下 B 西南口出，后乘公交车 806 路、T4 路、T43 路等到太玉园北口站下，步行 1.2 千米。

运河岸边的创意"集散地"
宋庄艺术创意小镇

△宋庄美术馆

△宋庄美术馆入口 　　　　　　　　　　　　　　　　△宋庄美术馆建筑外形

通州　宋庄艺术创意小镇

宋庄艺术创意小镇如今已是大名鼎鼎了。暂且不说这里的艺术，就连小镇的"区域综合治理提升项目"方案也在2024年到英国拿了一个国际设计大奖——2024年度伦敦国际设计奖银奖。

这个号称"世界范围内最大的艺术家聚集地"目前吸引了7000多名世界各地的艺术家来此开展艺术创作、交流和展示。

到小镇来可以先选择"逛馆"。这里的宋庄美术馆以自己的视角展示当代美术与艺术设计的新动向和新思潮。"树美术馆"则致力于通过推动青年艺术家、女性艺术家等群体的创作发展当代艺术。声音艺术博物馆是成立不久的"类博物馆"，它收集了来自北京以及世界各地的各种声音，以此来保存自然和人类社会独特的珍贵记忆，据说鸽哨的声音就特别治愈。

当然，如果能赶上"宋庄文化艺术节"，那就务必要给自己留出一天的时间泡在这里。艺术节通常会持续10余日，几十场大大小小的展示、交流与学术活动会把全宋庄的艺术家都给调动起来！

这里时而会组织艺术家谈运河，最近的一次主题是"画说大运河暨六省画家谈运河创作"，对艺术和大运河感兴趣的读者来说将会是一场视听盛宴。

最后还可以去逛逛艺术市集，寻几个自己喜欢的小物件，或是慵懒地喝上一杯咖啡休息一下都是不错的选择。还有一种可能，就是你也许会看上一幅后现代派的油画，然后正准备和某位小镇的画家砍砍价……

045

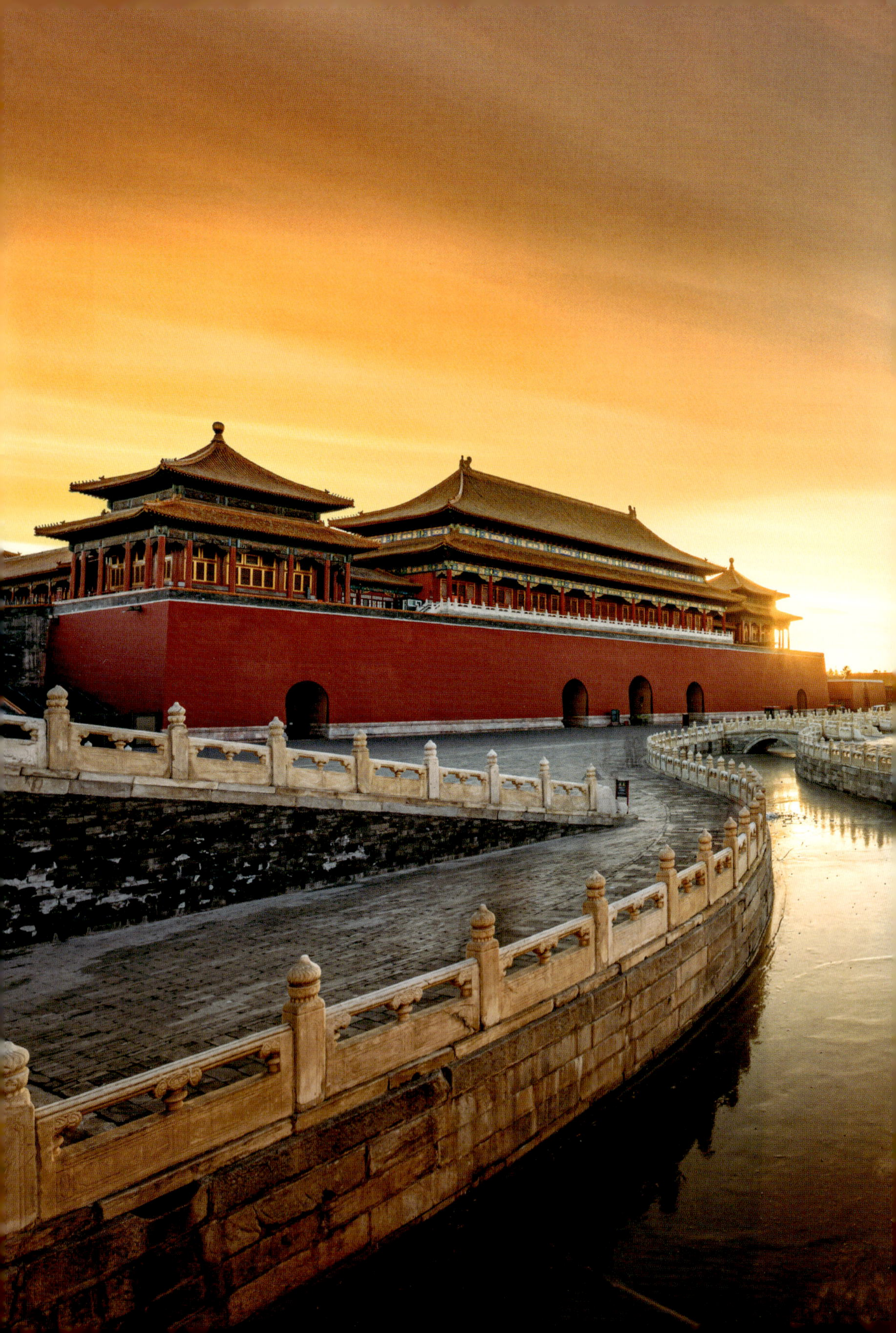

东城

"走运团"铛铛车线：

天安门 ◀
▶ 前门
▶ 故宫
景山公园 ◀
▶ 地安门
万宁桥 ◀

其他线路

线路1 老北京运河 City walk 线
东不压桥与澄清中闸—玉河—南锣鼓巷—南新仓—禄米仓及智化寺

线路2 "仰望星空 脚踏实地"线
古观象台—北京明城墙遗址公园

"走运团" 铛铛车线

前门 — 天安门 — 故宫 — 景山公园 — 地安门 — 万宁桥

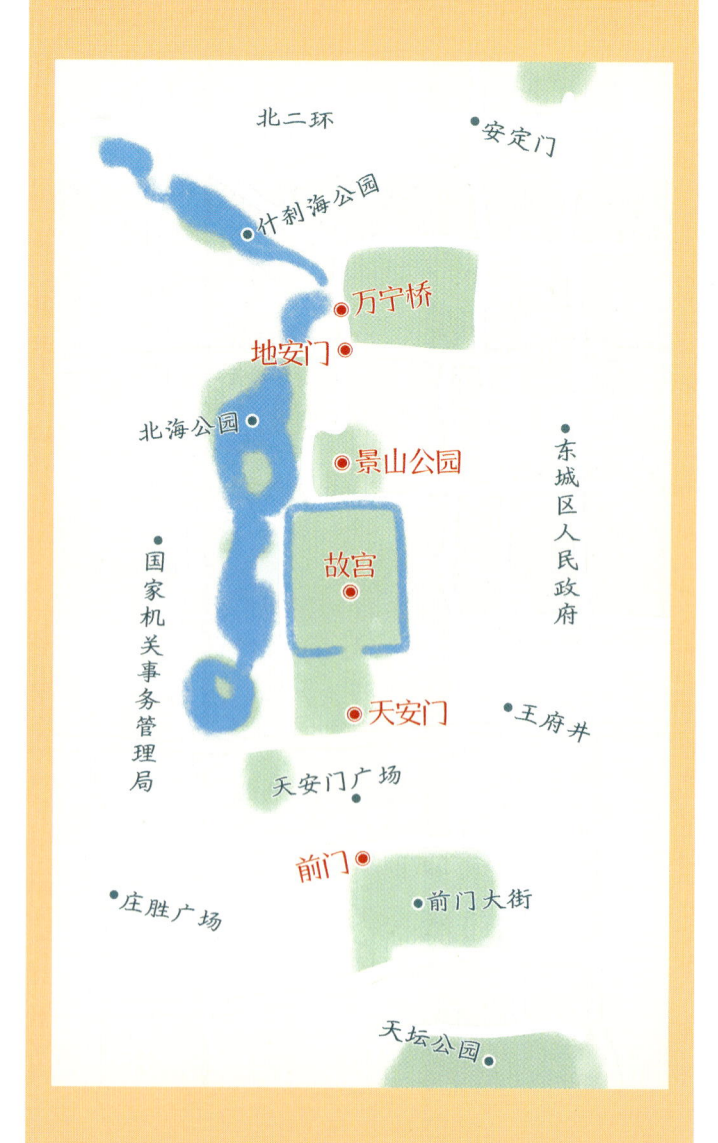

线路嘉宾成员

阎鹤祥： 中轴线上的胡同里出生，在运河边长大。
张　谨： 大运河申遗文本总撰稿人，大运河专家。
唐伯虎 Annie： 对中国传统文化情有独钟。

　　在北京中轴线上感受运河文化对北京古都风貌的塑造和影响，踏寻运河留下的历史烙印，体验"水上北京"的新活力。

准备好，
和我们一起走运河！

大运河漂来的老北京"风物志"
前门

△ 正阳门箭楼

△ 铛铛车穿梭于前门大栅栏

　　游北京，"大前门"自然是不能错过的。在经过一系列改造后，这里有三条步行街算是北京打卡的又一个"Citywalk 三件套"。一是前门大街，它属于北京中轴线的一段，二是著名的前门大栅栏，第三则是与大栅栏街正对着的鲜鱼口。那前门与大运河有关系吗？答案当然是有。而且，可以说这繁华的市肆街巷正像是一部生动的《运河风物志》，为我们展现了大运河对北京百姓生活的深刻影响。我们不妨择其"典型"做一简要说明，更多有趣的体验就请你自己去探寻吧。

　　在大栅栏商业街里有一家著名的北京老字号茶叶店——张一元。这里的茉莉花茶、太湖碧螺春、西湖龙井等都久负盛名，关键是保香更保真！不过，要说起这"茶香"的由来则不得不感谢大运河的功劳了。作为品茶和饮泉的"超级爱好者"，乾隆的江南小旅行自然不能错过这两件事。据专家考证，在乾隆第三次下江南时方才品上了正宗龙井泉水烹制的龙井茶。如此极品的茶香让乾隆帝大为感叹并即兴作诗一首。如此一来，西湖龙井才真正开启了"网红"模式，皇帝的赞美就是最权威的"广告"。乾隆回到京城后，龙井茶自然成了贡品，而且，为了能让皇帝在最佳的时间品到最上好的龙井茶，同时结合运河上的运输时长，采茶的日期竟也相应做了调整，于是"明前""雨前"

正阳门的城门楼子与瓮城

　　正阳门的城门楼子历史悠久，曾有瓮城保护。瓮城是古代城市防御设施，用来加强城堡或关隘的防守。

铛铛车的历史与现状

前门铛铛车是北京的一大特色，1924年开通，至今已有百年历史。铛铛车模拟古时的有轨电车，因在行驶时伴随着悦耳的"当当"声，故名铛铛车。

成为贡茶的标准版。这么一说，原来是大运河成就了这龙井茶和它的品牌啊，而乾隆帝呢，应该算是当年的"公益网红代言人"了吧！

大栅栏及其附近的很多街巷在清代都开有戏楼、戏园子，尽管大小档次各不相同，但这看戏的热闹场面可是大同小异。乾隆五十五年（1790年）四大徽班进京参加祝寿表演，这样皇家和百姓都听到了顺运河北上的南方戏曲佳作。40年后，湖北的汉戏也来到北京，经过一系列的竞争、学习、切磋与交流，终于"徽汉合流"，京剧由此诞生。由此，我们完全可以说大运河漂来了戏班子，而大前门的百姓和紫禁城里的皇族则共同促成这国粹的诞生。

大前门的另一个"运河缘"可能是你完全想象不到的。如果来北京只能选一样"美食"体验的话，估计人们张口就会说出——吃烤鸭。北京烤鸭真可以说是"名扬四海"！然而，它的起源竟还是与这大运河息息相关。

全聚德烤鸭就在前门大街的东侧，这家百年老店接待了无数名人政要。说起烤鸭的历史可上溯到明代。当年，朱棣在靖难之役后登基成为皇帝，不久便决定迁都北京。于是南京的金陵片皮烤鸭技艺也顺着运河来到了京城。在几十年的烹制实践中，烤制技艺和活鸭品种都做了一系列的改良，以更加适合北京地域的特点。特别是鸭子的养殖还借用了通州大运河和通惠河的河道便利，一只只"北京鸭"在这里被繁育出来。这么一说，大运河又对北京的饮食文化做了贡献，运河和北京烤鸭也拉上了"亲缘"。

其实，前门大街里的运河风物何止这几个，卤煮、糖火烧、中药材、丝绸布匹还有那文房四宝、糕点杂货，乃至于厨子、工匠、杂耍艺人哪个不与大运河有着或多或少的联系，说大运河是一条"文化融合之河"真的一点也不为过。

铛铛车乘坐小贴士
运营时间： 10:00—17:00，17:30—21:30。
票　　价： 50元/人，1.3米以下儿童免票。
游览时间： 约30分钟。

△北京中轴线沙盘全景图

中轴线可是大有来头

唐： 人们为什么会在这里建设都城？北京的中轴线又是怎么形成的？

张： 其实 3000 年前北京最早的都城在房山，琉璃河那个地方，即现在的琉璃河燕国都城遗址。西周时期，周武王分封，就把这个燕国给封在这儿了。当然从那儿到北京，现在的中轴线的位置还有个转移的过程。北京因为是东北亚的十字路口，所以适合建都。

阎：（捧哏上线）是个地理的分界点。

唐：我听闻是有一个传说，古人通过射箭选定的北京当作都城。

张：这可能也只是个传说。元上都和元大都是元朝的两个重要都城。北京的中轴线其实是歪了几度的，同时在地图上看元上都的经线也是稍微偏一点角度的。中国历史上，从商周甚至夏代的城市经纬线也是歪一点，可能与当时的磁场有关系。因为当时是用磁石和天象定方位，所以就都统一歪了一点点。

张：而且北京中轴线和北京城其实是一个天象的映射。天上有三垣、四象、二十八星宿，而三垣最中间的便是紫薇垣，紫薇即紫禁城的名称来源，象征着最高的权力和统治的地位。所以天上太微垣、紫微垣、天市垣就跟传统的皇城、前朝、后世相对应。

阎：《周易》中写道"大德曰生"，这是中国人的一套传统价值观念，意思就是生存、生命是最重要的。所以自古以来中国人就存在着天人合一的价值观念。最高统治者顺应天意、以民为本，咱们整个北京城的规划就是以礼制为核心的。

张：中轴线申遗，是中国理想都城秩序的杰作。把礼制融入城市建设中，是没有一个国家的城市这样做的，所以也是为什么我们是独一无二的，是值得成为世界遗产的。

承天启运，受命于天

天安门

　　天安门，这是每一名中国人再熟悉、再憧憬不过的标志了。来北京，这里永远是排在第一位的"必选项"。更何况这里还和大运河有着重要的联系。

　　天安门始建于明永乐十八年（1420年），初名为承天门，清顺治八年（1651年）重建后改为天安门。

　　天安门是皇城的正门。明清两朝，很多重大典礼的颁诏仪式都在这里举行，如皇帝登基、册立皇后和太子、命将出征等。同时，重大祭祀典礼的仪仗队伍也由此出入皇城。可见，从那时起天安门就承载了国家礼仪的重要功能。

　　1988年是中国的龙年，元旦这一天，天安门城楼正式对公众开放。今天，登城楼的入口在天安门北侧，拾级而上便可登临。站在天

"北京中轴线"是一条笔直的线吗？

　　北京中轴线从永定门到钟鼓楼不在一条直线上，但是从正阳门到地安门误差不到1米，几乎是在一条直线上。

△ 天安门城楼上的国徽

△ 天安门城楼

明清两代皇家建筑使用的砖料大部分由哪里烧制？

临清（山东省）。

北京中轴线申遗首个数字形象是什么？

北京雨燕。

安门城台向南望，世界上最大的广场——天安门广场一览无余。向下看是外金水河，五座汉白玉的石桥架在河上。这五座桥的功能和使用方式各不相同。中间的是御路桥，专为帝后行走；两侧的是皇族桥，为宗师王公所用，再外边的两座则允许三品以上官员行走。

桥下的外金水河既是皇城内重要的水系之一，更与大运河相衔接。什刹海之水穿过西压桥流入内三海后，水流从中南海日知阁流出，紧贴中山公园西墙向南流淌后进入天安门前的外金水河。外金水河继续向东流，进入玉河后向南注入护城河南水道。至此它便与通惠河连接在了一起。由此，我们可以看到，尽管什刹海已不再是元代作为大运河终点的码头，但北京城内的诸多水系仍凭借错综复杂的河道系统最终与大运河相连接。同时也向通惠河注入宝贵的水源。

开 放 时 间：天安门城楼开放时间为 8:30—17:00。
参 观 预 约：小程序"天安门城楼参观预约"。
交　　　通：地铁 1 号线天安门东站。
看 　升 　旗：提前查看升旗时间。

专题

世界遗产
北京中轴线

2024年7月27日11时15分，在印度新德里召开的联合国教科文组织第46届世界遗产大会通过决议，将北京中轴线——中国理想都城秩序的杰作列入《世界遗产名录》。至此，中国世界遗产总数达到59项。北京中轴线的申遗工作历时12年，可分为三个阶段：2012—2016年项目启动，2017—2021年项目推进，2022—2024年申报文本、进行最终评估，看似简单的申遗之路，背后却凝结着无数人的心血和付出。

北京中轴线始建于13世纪，形成于16世纪，全长7.8公里，它不仅串联起了中国数千年的都城文化，同时见证了中华文明的发展与演变。1951年梁思成在《人民日报》上发布了《我国伟大的建筑传统与遗产》一文，并首次提出中轴线的概念。他曾说"北京独有的壮美秩序就由这条中轴的建立而产生"。那究竟中轴线是如何建立的？其壮美秩序又是什么？我们一起穿越古今，去探寻中国"第一线"背后的故事。

上古时期，人们在建造都城时就有了中央、中心、中轴的意识，即所谓"中"的哲学思想。通过历朝历代的发展与演变，以中轴为脊梁，左右对称布局的都城建设规制越发成熟。到了元代，在建设元大都时首先测定了全城的中心点与中轴线，并以此为基础兴建皇城、宫城和外城，力求将《周礼·考工记》中描述的理想都城模式淋漓尽致地展现出来。北京中轴线的雏形和其所代表的都城壮美秩序就此产生，并开始延续发展。明代沿用了元大都的部分中轴线遗存，并加以建设和改造，使得中轴线几乎贯穿了全城，与皇城中轴线重合，线上各个重要建筑之间的关系更加连贯，规模和气势也达到了历史最高水准，城市整体布局上越来越接近于《周礼·考工记》中描述的理想都城状态。而中轴线延续至清代没有再做任何较大的改动，只是翻修、重建了线上的部分重要建筑，但值得注意的是，清代将中轴区域的礼制文化推向了高峰。

现如今这条绵亘了 700 年的城市脊梁以更加开放包容的姿态屹立于世人面前，其背后所蕴含的都城伟大秩序主要表现在以下三个方面。一是"中"与"和"的哲学思想。"择中立国""择中立宫""居中而治"是中国古代传统政治观的核心理念，恰如"中国"二字，其不仅指代地理上的中心区域，同时反映了先民的宇宙观和天文观。二是充满"节奏"和"韵律"的建筑布局。北京中轴线从最南端的永定门到最北端的钟楼，共穿过 15 处重要建筑遗产，它们既有皇家宫苑，又有礼仪祭坛，还有古代城市管理设施，彼此之间形成了前后起伏、左右对称的空间秩序，仿佛浪漫的中国人在大地上谱写出的一组和谐乐章。三是承古通今的精神秩序。中轴线并非某一个时代的特定产物，而是在不断地完善与充实，它就是中华文明的缩影，代代相传、传承有序，且经久不衰、历久弥新。正如世界遗产委员会所表示"'北京中轴线'的真实性体现在其作为都城核心的延续性"。延续千年，仍是少年，这就是它承古通今的魅力秩序。

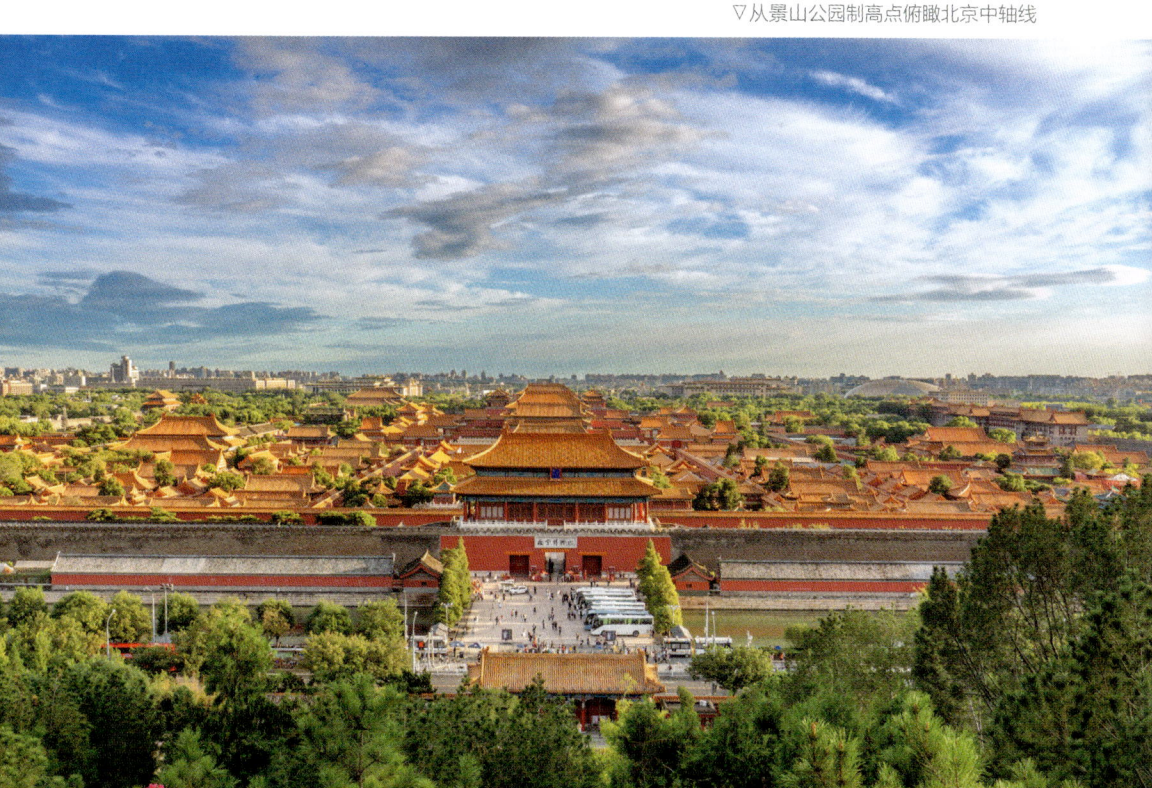

▽从景山公园制高点俯瞰北京中轴线

△ 故宫午门

大运河"漂"来了紫禁城

故宫

　　无论是游走于北京的大运河，还是打卡于故宫博物院，我们总能听到这样一句话：大运河"漂"来的紫禁城。这句话确实没有错，意思是说建造紫禁城时使用的很多建筑材料都是从大运河上运来的。当然，如果我们就此"较个真儿"的话，那大运河可不仅仅为紫禁城送来了施工材料，它更带来了人才、制度、日常生活物资，甚至改变了明清皇家的生活方式。接下来，就让我们暂且放下"宫廷故事会"式的游览模式，来一次以大运河为主题的故宫文化之旅。

午门

　　午门是紫禁城的正门，在旅游旺季（4—10月）需要较长的等候时间，特别是暑期，妥妥的要在这个"大太阳地儿"晒上一阵儿，做

刘秉忠如何规划的元大都？

　　刘秉忠在规划元大都时，主要依据了《周礼·考工记》的相关记载，并结合《易经》的思想。他首先确定了宫城的位置，并以此为基础规划了元大都的城墙和主要建筑。元大都的规划体现了"匠人营国，方九里，旁三门，国中九经九纬，经涂九轨，左祖右社，面朝后市，市朝一夫"的思想。

宫殿建筑特点
1. 中轴线对称的布局。
2. 规模宏大，布局严谨。
3. 装饰精美，色彩鲜明。
4. 建筑风格雄伟大气。
5. 院落式布局与空间变化丰富。
6. 前朝后寝的布局。

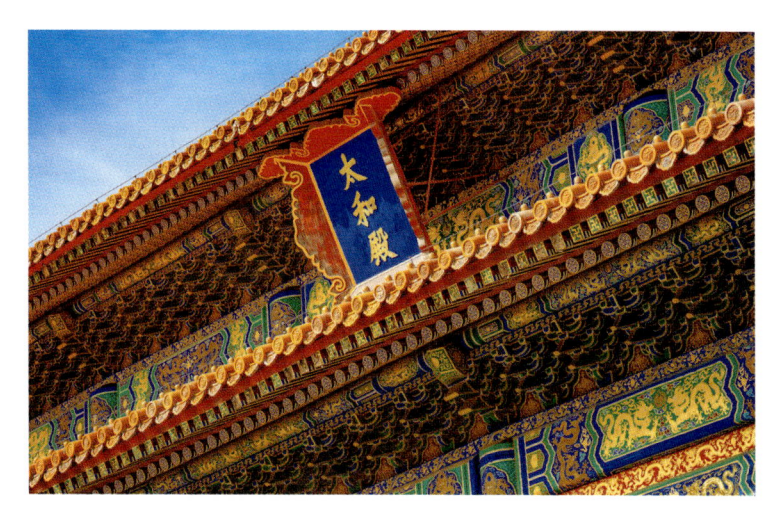

△ 太和殿牌匾

好防暑工作十分必要。故宫的出口目前有两处，一处为神武门，另一处为东华门。

来到午门前，当你面对着巍峨的红色墩台、壮丽的午门门楼，一定会感慨营造者的智慧与伟大。说起营造者，知道那位天安门城楼的设计师——蒯（kuǎi）祥吗？是的，午门以及整个紫禁城都是以他为代表的营造团队——"香山帮"工匠设计施工的。他们来自太湖之滨的苏州香山脚下，从宋朝开始便为皇家营建园林和宫殿，并逐渐形成了香山帮营造群体和香山帮营建技艺，而他们的鼻祖便是蒯祥。明永乐十五年（1417年），明成祖朱棣带着"香山帮施工队"来到北京，他们先设计，再施工，仅仅三年多的时间，宏伟的紫禁城就施工完毕。而香山帮的工匠正是借运河之便北上京城的。大运河带来了能工巧匠，也送来了不起的营造技术与管理经验！

太和殿

进入午门，穿过内金水河和太和门，宏伟的太和殿就会"咣当"一下闯入你的视野。因为它实在太大了，即使前面是3万平方米的太和殿广场也不能"压缩"它的视觉冲击力。难怪太和殿被称为"中国最大单体木结构建筑"。当然，要想成就它的大就必须有足够体量的木材。在营建太和殿时，巨大的原木只能从湖南、贵州、四川等人迹罕至的深山里获得，砍伐后的木材，被结成木筏顺江河而下，再通过大运河运至北京。存储木材的地方就是本书通州区这一章节里介绍的皇木厂等处。

建造太和殿乃至整个宫城所用的**砖料则来自山东的临清**。那里的土和水都特别适合烧制品质要求极高的皇家贡砖。据说这些临清砖的硬度犹如石头一般，而且不碱不蚀，工艺和质量俱佳。它们同样因大运河运输之便利方才"游"进京城的施工现场。为了让数以百万计的临清砖高效运输进京，皇家要求往京城运粮的漕船都要"顺便"捎几块砖过来。从最开始的每船十几二十块，到后来的每船至少搭载100块，蚂蚁搬家式的运输既"薅了船队的羊毛"又完成了运输任务。只是苦了船老大，因为要是在运输过程中把贡砖给弄坏了，没的说，照价赔偿！

就这样，一批一批的建筑物资被运进北京城，有来自山东博山的涂料、江南地区的桐油、苏州的金砖、南京的金箔，等等。从1406年开始北京城俨然成为一个超级备料场，各类建筑物资被有序地放置在城内各处，这个备料过程花费了10年的时间方才完成，而接下来的施工与装修仅仅用了4年。明永乐十九年（1421年）正月，朱棣举行盛大典礼，正式迁都北京。

中和殿与保和殿

过了太和殿是中和殿以及保和殿。中和殿是皇帝到太和殿参加典礼仪式前接受朝臣行礼的地方。保和殿则有一个十分重要的功能——**科举考试殿试的考场**。这一场的考试也是科举考试制度中最高的一级了，前三名就是被称为状元、榜眼和探花的被无数人羡慕的"超级学霸"了！那些学霸都来自哪里呢？据统计，元明清三朝"贡献"状元最多的是浙江、江西、福建和江苏4个省份，且遥遥领先。在800余年的时间里，他们沿运河而上，再沿运河奔向四方去实践自己经世济民的理想……

配享太庙

古代百姓的最高荣誉，帝王为劝勉臣下效忠建立的功臣配享制度。主要在享殿的东、西配殿：东配殿供奉亲王牌位，比如代善、多尔衮、奕䜣，西配殿供奉功臣牌位，比如张廷玉、僧格林沁。太庙位于故宫的隔壁，天安门东侧，现称"北京市劳动人民文化宫"。

乾清宫

进了乾清门便是乾清宫，这里在雍正朝以前是皇帝居住的地方，后面的坤宁宫则是皇后的居所。东、西六宫对称分布于其两侧，所谓的后宫就是指的这里。人们在此一探皇家的生活世界，这里恐怕也是运河文化影响最深的地方。

可以毫不夸张地说，清代的紫禁城后宫俨然成了一个江南文化渲染下的生活世界。皇帝早上起来穿的衣服，无论是便装还是朝服，这种织绣类服饰多数为苏州制造，然后皇上会坐在由苏作匠人精工制作的明式黄花梨家具上用早膳。皇帝的饮食，特别是正餐，主要为山东风味、苏杭风味和满族风味三种，这些御用大厨乘船从山东和江苏来到宫中，用精湛的厨艺丰富着皇帝的餐桌。在接下来的几百年里，皇家的美味又以各种方式流传至市井人家，引领着民间饮食的风潮。

皇帝用完膳后走进了书房，他伏于书案之上，江南的文房用品整齐摆放其间，捧起的书卷则很有可能是苏州刻书的佳品。若要饮茶，无论是杭州的西湖龙井，还是太湖的碧螺春，或者福建的茉莉花茶和大红袍，所有的这些都是由大运河运送而来。

大运河就以这样的方式把中国的南方与千里之外的京城紧密地连接在了一起。

▽保和殿建筑

珍宝馆

过了乾清门广场东侧的景运门径直向前走即珍宝馆。在重新布展后，这里更加集中地展示了故宫博物院所收藏的各个门类稀世珍宝。如果你问这里也和大运河有关吗？回答是肯定的：当然。

更多反映生活情趣和生活品质的藏品都可以在这里看到。从康雍乾盛世伊始，皇家便延续明朝的做法在江南地区设置专门的生产与采购机构，即江南三织造。与此同时，还广募能工巧匠由运河北上进京，到内务府造办处从事生产活动，他们被称为"南匠"。

从皇极殿向后过养性殿便是乐寿堂，这里展示着一件镇馆之宝——大禹治水玉山。此玉山高达 2.24 米，为一整块玉料雕刻而成，重约万斤。玉雕以《石渠宝笈》中《大禹治水图》为蓝本设计雕刻，展示了在千沟万壑的山峦间，大禹带领无数民众克服千难万阻，兴建水工为民造福的生动场景。如此巧夺天工的雕琢正是依靠大运河方才顺利实现的！整块玉料采自新疆和田密勒塔山，历经 3 年运到北京，然后通过大运河运往扬州设计雕刻，又历经 7 年的时间终于完工。乾隆五十二年（1787 年）六月，"大禹治水玉山"被隆重地运往扬州码头并搭船顺运河回京。时至今日，当你有机会目睹如此气势恢宏的玉雕工艺品时，可会想到千里运河在其中起到了怎样的作用呢？

过了乐寿堂，是一座巨大的戏楼——畅音阁，这是你必须多留些时间的地方。大运河除了传送玉料，更将江南的戏曲文化和艺人带到了北

△ 金镶珍珠宝石七珍（清）　　　　　　△ 大禹治水玉山（清）

京。由于皇家的大力推动，寄寓江南地区的"四大徽班"陆续乘船沿运河进京，他们广泛融合各地方戏种，最终促成了京剧剧种的形成，而作为皇宫内最大戏楼的畅音阁正是京剧酝酿、形成并走向辉煌的见证地。

御花园

御花园位于紫禁城的最北端，是生活在沉闷深宫中的帝后为数不多的娱乐空间。然而，沿大运河去江南"旅游"过的清朝康熙帝和乾隆帝对这里并不满意，这个皇家"旅游"不但要去江南看、听、体验，关键还要往回"带"。他们既带回了江南园林的图纸和图像，更带回了深居园林里的生活方式。因此，清代帝王的居住空间慢慢被江南文化改变。

厌倦了宫中生活的皇帝越发向往能够住在如诗如画的园林之中，于是他们在北京西郊大规模地营建皇家园林，建好后便在其中居住和处理朝政，谓之"园居理政"。粗略地算，他们一年之中竟有约 2/3 的时间居住在圆明园、颐和园甚至更远的承德避暑山庄里。

△御花园养性斋的春日美景

开放时间： 8:30—17:00（周一闭馆）。
票　　价： 60元/人（旺季）。
参观预约： 公众号"故宫博物院"。
交　　通： 地铁 1 号线天安门西站。

紫禁城的绝佳"打卡"方式
景山公园

近几年来,故宫的"打开"方式越发创新,"打卡"的地点也从"宫内"扩展到了"宫外"。以前从紫禁城北门(神武门)出来后,算是结束了故宫的行程,大家纷纷找公交站"溜之大吉",现在则直奔地下通道,到马路对面的景山公园继续"打卡",而且内心的兴奋与期待一点也不亚于"进宫"。究其原因,正是因为景山给了一个无与伦比的制高点,让你可以俯瞰壮美的紫禁城。

从南门进入公园,眼前的景山高 42.6 米,与紫禁城一样作为"北京中轴线"上的遗产点而列入世界文化遗产。景山的体量在北京城内着实不算小,但元代这里并没有山,不但没有山,反而这里是元代的宫城位置。明初,朱棣重建北京城时,特别将元代旧宫城的渣土废料

明朝最后一个皇帝死在景山公园?

1644 年,李自成大军攻入北京,崇祯皇帝在绝望中选择在景山的歪脖槐树上自缢身亡,结束了明朝的统治。如今,景山公园内的万春亭旁仍有一块石碑,刻有"崇祯皇帝自缢处"的字样,成为历史的见证。

▽景山公园万春亭

中轴线上的"六海水系"（中轴线上的水系）是哪六个？

西海、后海、前海、北海、中海、南海。

以及新挖护城河里的泥土压在了前朝大内延春阁的位置上，希望以此"镇压元朝王气"。于是这座土山也就有了"镇山"的名字，而正式的"大名"则叫万岁山。此后，这里不但承担镇压前朝王气的"重要任务"，还作为明代宫廷的御园供帝后游赏。每到重阳佳节，皇族成员纷纷来此登高宴饮，共赏绝美的京城秋色。

登景山可从东坡拾级而上，不过请稍作留意，东坡山脚下有一株老槐树，据说这里便是明代最后一位皇帝——崇祯帝自缢的地方。当然，这棵树乃是后来补种上去的，而究竟是不是自缢于此地学术界还有着不同的看法。

从景山东侧登山可以依次抵达周赏亭、观妙亭、万春亭、辑芳亭和富览亭。五座亭各有不同，它们以万春亭为中心向两侧对称展开，造型雅致。

万春亭位置最高，视野最为开阔，自然是俯瞰紫禁城的绝佳位置。你可以选择一天中不同的时间来此登亭南望。早晚时分，阳光斜射于紫禁城屋面，黄色的琉璃瓦反射出夺目的金光；你也可以选择正午时分，此时阳光直射，硕大的紫禁城从轮廓到局部，从建筑群落到具体某一处殿宇都可以看得清清楚楚。当然，唯一的缺憾就是无论何时来此恐怕都要等上一番，毕竟山顶的空间格外狭小，而来此人群的热情却丝毫不减。谁叫这里是拥有如此绝佳视角俯瞰紫禁城的"稀缺资源"呢。

下山最好走西侧的山路，这样便可直接从公园西门出园。出园后，马路对面的那条小街尽头就是北海公园了。

东城 景山公园

开放时间： 06:30—20:00（19:30 停止入园）。
票　　价： 2元/人。
交　　通： 地铁6号线东四站E西北口出。

北京城里有"地标"

地安门

从景山出来一直沿中轴线向北就是地安门，然而遗憾的是地安门于 1954 年拆除，目前仅存地名。那么此处为何有个地安门，它是谁的大门呢？它和天安门有什么样的关系呢？为了回答这个问题，我们首先还是要了解一下老北京城的城垣结构和布局方式，这对于我们深入认识北京城和城内的大运河有着重要的意义。

摊开一张明清时期的老地图，你会发现其实北京城是由三圈半的城墙围合在一起的。第一圈是紫禁城，也就是今天的故宫博物院，位

中轴线上数量最多的建筑类型是什么？

城门。

▽地安门内大街

居中央。外面的那圈城墙十分明显，看看上面标出的城门名称，你会觉得非常熟悉，比如前门、宣武门、西直门，这是北京内城的城墙。但请特别注意！现在我们要"划重点"了，这圈城墙其实是"第三圈"。那"第二圈"城墙呢，它在哪里？原来它就在两者之间，也就是紫禁城和内城之间的那一道，名为皇城。这一圈城墙有四个城门，最南边的就是大名鼎鼎的天安门，最北边的为地安门，而东、西方向则有东安门和西安门。现在你仔细观察老地图，就可以清晰地看到这一圈皇城是如何布局在老北京城中的了。那剩下的半圈呢，它在内城的南侧，名为外城，是明嘉靖三十二年（1553年）增筑的。其实按照当年的设计是要把内城全部包围起来，只可惜因为财力不足，只完成了南郊这一部分，因此也就有了老北京凸字形城郭的样子。

　　了解了北京的城垣结构，地安门的位置、功能以及它对大运河的影响也就渐渐清晰了。首先，地安门正处于北京中轴线上，是皇城的北门，按老百姓的说法就是"后门"，因此北侧的万宁桥也被称为"后门桥"，这里是城北进出皇城的重要通道。其次，地安门两侧有着高高的城墙，而建造此墙时正好将元代的通惠河"包"了进来，这样运河船只也就无法穿过城区到达积水潭，积水潭的运河码头功能也就随之取消了。此外，地安门还分割出了皇家和百姓两个空间，**地安门内是皇城，是"朝"**，是皇家禁地，**地安门外则是"老北京城"**，是"市"，是百姓的乐园……

　　今天，随着北京中轴线申遗的成功，复建地安门的声音常常响起。当然，要不要建、能不能建、怎么建这一系列的问题可能还需要更多学术和技术上的探讨，但由此我们可以看到，地安门确实在北京城中有着十分重要的标志性意义，按今天的话说就是实实在在的"地标"。

揭秘了不起的"双料"世界遗产

万宁桥

无论是一处文化遗迹，还是一处令人激动的自然景观，要是能被评为世界遗产，那将是一个城市乃至一个国家莫大的骄傲，这意味世界对它的认可，它也由此成为全人类所共同拥有的宝贵财富。然而，一处遗迹若能身兼两项"世界遗产"的身份那可真是极为难得的"稀罕物"了，而万宁桥就是这其中的一个。2014 年，万宁桥作为中国大运河的遗产点<u>被列入世界遗产名录</u>，十年后的 2024 年，北京中轴线申遗成功，它又作为中轴线上的遗产点位列其中。这样的文化遗产在全世界各国都是少之又少的！

万宁桥就位于地安门外大街上，现在仍是北京中心城区南北交通

万宁桥与京杭运河的历史

万宁桥是连接什刹海与积水潭港的重要桥梁，具有悠久的历史。京杭运河的开通使得北京成为国际大都市，万宁桥见证了这一历史变迁。

△万宁桥与镇水兽

的重要通道，坐地铁来这里最为方便，乘 8 号线在什刹海站 A1 口出站向南 100 米左右便是。

刚一见到万宁桥就会被它古老的桥身所吸引，"网红"打卡时常说的"历史感"在这里有最好的体现。就这汉白玉的石栏杆和石栏板而言，就有旧的、比较旧的、很旧的、特别旧的等好几个"比较级"之分，好像每个不同的历史时段都在这一座石桥上凝固下来。确实如此，如今的万宁桥已有近 800 年的历史，其后历代都对其有所维护。在 1955 年又对桥身做了修缮，补缀了一些构件，而你所看到的比较新的部分则是 1999 年安装上去的。其实，这样的"混搭拼贴"可以让每一段"时光记忆"都能留存并得以清晰呈现，这也是文物修复中"可识别原则"的具体体现了。

万宁桥桥长约 34.6 米，它的桥身虽不长，但十分宽阔，作为交通主干路的地安门外大街就整体覆盖在桥面上，宽达 17 米，如此一来，让人在视觉上看不出这本是一座近 800 年的大石桥。

欣赏万宁桥最佳的位置是桥西侧（什刹海一侧）的北岸边。从这里可以看到万宁桥东、西各有汉白玉石望柱 15 根，柱间的石栏板 14 块。桥两端最外一侧的望柱旁则有抱鼓石相依。

万宁桥是典型的单孔石拱桥，两边的桥拱券处正中各有一螭首的形象。在北京的皇家建筑中螭的形象十分常见，故宫中那些汉白玉栏杆下龙头一样的吐水神兽就是"螭"。螭被认为是龙之九子之一，而它的本领据说是能守护运河和桥梁的安全。

这桥拱上的神兽生动形象，历史感让人一看便知，可真要想读懂这万宁桥却比那花了 800 年"拼贴"出的石栏板还要复杂得多，需花一番功夫。让我们深呼一口气，用一点点时间弄清楚它！

读懂万宁桥需要做到"四看"，即一看漕运水工的珍贵遗存；二看都城规划的重大意义；三看镇水神兽的艺术价值；四看万宁桥带来的城市风貌。这四个方面也是万宁桥的重要遗产价值所在。

△ 万宁桥大运河遗产区界碑

中轴线与大运河最关键的交会点

阎： 我小时候万宁桥叫后门桥，每回坐 5 路公共汽车经过这里，就是最激动的时候。你们知道为什么吗？因为小时候北京公共汽车是两节儿，中间是弯的，所以只要过万宁桥（后门桥）的时候，车尾巴会"啪"地颠一下，非常刺激。

唐： 哇！好有趣！那我有一个问题，就是万宁桥的桥洞这么低，到底是怎么过船的？

张： 现在你看它这么矮，但历史上这桥洞是很大的，是因为现在的路面和水位都上升了不少，历史上地面和水位比较低，那时船只放下桅杆就能过桥洞，现在桥两侧的一些物件还埋在水下的淤泥里。而且万宁桥它其实底下是个闸，历史上叫澄清上闸。这里在元代是大运河航运的终点，在历史上叫积水潭，比现在大好多倍，大运河的船都会运到这儿来卸货。

1. 看漕运水工的珍贵遗存

很多游客看到万宁桥后都会问出同样的问题：万宁桥的桥洞那么低能过船吗？是啊，现在的万宁桥总高才 3.5 米，加上水位线的高度，桥洞内连一个手划的小船都过不去，何况往来南北的运河商船，如何才能通得过？回答这个问题，首先让我们关注桥西侧岸边的两处残断了的石块，它们正是水闸的关键部件——绞关石。巨大的绞关石上原有孔洞，上有可拉拽的绞绳，绳下拴有闸板，整个工作的原理和"辘轳"十分接近，当拉起闸板后，就可以倾泻下积水潭的湖水。水位的调节有两大作用：第一，便于运河船只从通州逆流而上进入积水潭。第二，根据需要调节水位，防洪蓄洪。如此一来，通过水闸的调节作用就实现了大运河通航和调水两不误的重要职能。因此，准确地说你现在看到的是两处文化遗产景观，一是万宁桥，二是桥边的水闸——澄清上闸。由此闸沿玉河向下游不远处我们还能看到已经完成考古发掘的澄清中闸和澄清下闸。当年，郭守敬为了打通从通州到积水潭的水运通道，共在通惠河上建有 11 处控水设施以及 24 道水闸，如今这元代的水闸只存三处，即澄清上闸、东不压桥处的澄清中闸和高碑店码头处的平津上闸。而澄清上闸是大运河从北端码头积水潭出港的第一道闸口，具有极为重要的标志意义。同时它也是大运河漕运功能的重要见证之一，十分珍贵。

但桥身的材质是有史料可循的。万宁桥刚刚建好后其实是一座木桥，到了元至元二十九年（1292 年）则改为了石质结构。元代的《都水监厅事记》有记载："至元二十九年，京师桥闸皆木，宰相谓不可以久，尝奏命监渐易以石。"这里说的是为了桥与闸的牢靠以及永久使用，于是将木桥木闸改为了石桥石闸。

2. 看都城规划的重大意义

万宁桥还有一个极重要的"亮点"，就是它居然在北京城的规划建造中起着关键性的作用。所以在民间流传着这样的说法：先有万宁

中轴线和水有很大关系

唐：那中轴线设定在这里，和这些水是有关系的吗？

张：是的，皇城的建设离不开水，水在古代被视为风水宝地的重要标识。此外，水在防御、生活和美化环境等方面也起着重要的作用。据说当时就是从万宁桥定的中轴线位置。

△ 万宁桥上的风景

桥，后有中轴线，再有北京城。真的有这么"夸张"吗？

让我们首先用一分钟了解一下元大都选址的过程。元至元三年（1266年），忽必烈开始了雄心勃勃的大都城营造计划。然而，在今天北京西客站一带已经有了金代建造的都城，史称金中都。但新一代的继任者对这里并不满意，所以弃之不用。这里大概有以下几个原因，如这里水质欠佳，水源也不够丰沛。金中都已经作为都城存在多年，想要建造一座更加宏伟的帝国首都重新规划起来十分不便。再有，金中都东北处的古积水潭是金朝的皇家御园，风景十分优美，更适合于蒙古的风俗。因此，这里似乎更像是一处完美的建都佳地。于是，在城市规划"大师"——刘秉忠、赵秉温的主持规划下，大都城开始了以万宁桥为起点的整体设计。

首先，在积水潭最东边，沿着弧形水岸处画一条切线，这条南北向的切线就是大都城的中轴线，后来也作为皇家宫城的中轴线，而切点处正是这座万宁桥。其次，再以南北轴线到积水潭最西段水域的距离作为大都城从中轴线到西侧城墙的宽度。向东侧城墙的距离也与此相同，由此形成了对称的东、西城格局。这样，大都城也就是京城的范围被确定下来（在随后的筑城中，由于东城墙处位置低洼，因此向内做了一定的收缩）。所以说，小小的万宁桥居然是北京城规划设计的基点，起到了"奠基石"的标志作用。因此，2024年，作为大运河遗产点的万宁桥同时成为北京中轴线的遗产点之一。真是"小身材，大能量"啊。

3. 看镇水神兽的艺术价值

800岁的万宁桥固然沉稳而厚重，但桥两侧雁翅上的镇水神兽正如它们的形象一般灵动，真是可爱极了！每一个到访这里的人都会被它们趴伏在岸边的样子所吸引。

在中国的文化中，江河岸边总会有各式各样的镇水"宝贝"。有塔、庙、楼、阁这样的建筑，也有宝剑、铁镬这样的"神器"，还有

△ 万宁桥镇水兽侧面　　　　△ 万宁桥镇水兽正面

万宁桥最吸睛的文物——镇水兽

唐：镇水兽原来就摆在这里吗？它的作用是什么呢？

张：镇水兽原先是在万宁桥的水底下趴着的，后来通过考古发掘才放置在如今我们看到的位置供大家欣赏。摸一摸它可是有好运的！它是一种祈福和平安的象征。《清明上河图》上有一个场景，一堆船工在紧急地控制一艘船，避免它撞到桥上去，所以在大运河上船舶出现事故是常有的事。

的则是种类繁多的镇水神兽，在后文颐和园这一部分我们介绍了镇水的铜牛，万宁桥边则是另一类常见的镇水兽——趴蝮。注意，趴蝮这两个字应读成 bā xià，它还有另外一个名字，叫蚣蝮，这里蝮字则读成了"复"音，即 gōng fù。当然，什么霸下、趴蝮、吸水兽、吞水兽等，也都是它的名字。

至于它的身世，民间都流传说它是龙的九子之一，而当你再去查看龙王家的"户口本"时，发现很多时候都没有这个名字。其实，是不是龙的九子之一并不重要，可能更有价值的是我们由此了解到作为神兽身世问题，其实往往是一个文化"样本"逐渐碰撞、汰选、融合，再熔铸到一起的过程。你看这横卧于岸边的趴蝮有着长长的角，头也是龙形，身披着鳞甲，但身躯较短，还有一条长尾慵懒地垂下岸边。正如《金台纪闻》所记载的趴蝮的样子："闸口上以石凿兽置两傍，状似蜥蜴，首下尾上，其名曰蚣蝮。"这种"混搭"出的效果给人以强烈的视觉冲击力，既刚健又柔美，既严厉又灵动可爱。此处的趴蝮使用了写实的雕刻手法，整个身躯线条流畅、肌肉饱满有力，双目炯炯有神，面目桀骜狰狞、须发随风浮动，尤其是垂于水边处的双脚还踩着滚滚的水花，真是精彩生动。试想要是晚上来到这岸边，昏昏暗暗的灯光下，一不小心可能还真以为这水边趴着什么"野生动物"呢！

既然是镇水兽，那它的功能自然清晰明了，克制水怪、伏波安澜、杜绝水患是它的核心"工作任务"。在桥的东西两岸边可见到四只神兽，不过东北处的一只纹饰已十分不清楚。没关系，最重要的信息依旧清晰可辨，你看这怪兽的下颌处竟然有文字，上曰：至元四年九月。就是这几个字证明了此兽为元代的原物，且更为重要的是我们由此可以推断万宁桥至少是在元代的后一个至元四年九月（1338年元代有两个"至元"纪年）就落成并矗立于此了，实证了大运河在这一段（即通惠河）河道的位置和走向，历史价值是相当的高啊！

另外三只依据其形象及雕刻纹饰的风格判断，它们应该为明代的石刻精品。

除此之外，这镇水兽竟然还有很高的科学价值！首先，我们需要明确一点，千万不要被眼前的这四只镇水兽所"蒙骗"，因为就在这水下竟然还有两只！不但如此，更有宝珠供它们戏耍。这又是怎么回事呢？原来，你所看到的匍于岸边的镇水兽与水下的乃是一对，岸上的一只低首向下（水中）看，水底下的一只昂首向上望，它们共同瞠目注视着镶嵌于墙壁上的石质宝珠，好似二龙戏珠一般。这一上一下、两两相望的"构图"给万宁桥和澄清闸口增添了不少玲珑剔透般的生气。不过，光好看还不行，这上下两组"二兽戏珠"还有十分重要的实用功能。通过它们所处的上、中、下三个不同的位置高度，可以随时监测澄清闸闸口处的水位，以便于随时调控水量。这真是实用性和艺术性相结合的巧夺天工般的设计。

据说在这桥下还有一个水位监测的装置更有趣。在万宁桥下的石壁上有竖写的"北京城"三个字，平时河水的水位只超过"城"字，如果漫过"北京"二字，那就意味着北京城有了遭遇水患的危险，要

大象的浴池竟在这里

阎： 好像还有一个很好玩的事情，那就是锦衣卫会在这里洗大象，对不对？

张： 哈哈，没错！在明朝，上朝时要牵着大象作为仪仗的一分子。

唐： 那大象也是通过大运河运过来的吗？

张： 是呀，从中国云南或是印度赶过来的。一路奔波，为了在仪仗上有干净的亮相，锦衣卫就只能在这儿给大象洗澡，那也是一个胜景，古书上是有记载的。

古人的水上活动和现在的水上活动有什么区别?

古代：游泳、龙舟竞渡、弄潮、水秋千、水傀儡、踏混木、水百戏。

尽快采取泄洪的措施来应对。后来在北京的老百姓中就有了这样的谚语："火烧潭柘寺，水淹北京城。""火烧潭柘寺"的典故则是来自明初刘伯温和姚广孝两位军师的民间故事。

2023年年初，随着一系列为万宁桥桥体"减负"工程的竣工，这几尊漂亮的镇水兽也卸下了原来的防护笼架。因此，今天你能以"触手可及"的方式近距离地欣赏这石刻艺术的精品佳作。当然，眼到、心到即可，为了保护这珍贵的世界文化遗产，再喜欢它也还是不要去触摸为好。

4. 看万宁桥带来的城市风貌

"第四看"则需要打开你的视野。请从万宁桥这一点看向周边的集市、街区、城市风貌以及社会生活，那将是另一番生动的景象。

△万宁桥左右两侧的镇水兽

在元代，每到盛夏之时，这里有几天会变得极为热闹，京城的百姓纷纷走出家门会聚于此，做什么呢？看热闹！那又看什么呢？看给大象洗澡！从宋代以后，一直有给皇家进贡大象作为礼仪之用。简言之，就是让训练好的大象参加皇家仪仗队，而且让它们做"先导官"开道。想一想，这气氛感真是可以直接"拉满"！当然大象在饲养过程中也需要给它们洗澡，于是就在每年六月将大象拉到积水潭里清洗。老百姓哪里见过这稀罕物，自然纷纷来到万宁桥处观赏一番，于是万宁桥再一次让这个城市热闹起来，快乐起来！只是到了明清时期，"浴象"改在了宣武门外，而洗象的日期也定在了每年的六月初六，这一天还成了国家正式的法定"洗象日"。

到了明初，由于积水潭不再承担运河码头的功能，南来北往的商船也不再停靠于此，但是万宁桥仍然得到维护，它依旧是北京城中轴线上重要的南北交通要道。曾经在元代因万宁桥及运河港口功能所形成的周边商贸集市，到了明清时期仍然得以延续，这里依旧是北京城内最繁华的商业街区之一，直到今天依旧游人如织、商贸繁荣。而这一切都与这座桥带来的交通便利和商贸集聚功能有着密切的关系。

地址：位于地安门外大街上，现在仍是北京中心城区南北交通的重要通道。
交通：乘地铁 8 号线什刹海站 A1 口出站向南 100 米左右。

大运河 闪耀点 之 中外文化交流

　　李约瑟在《中华科学技术史》中记载过中国的水利工程,以及水闸的建造技术。例如,现在浙江嘉兴的长安闸,它修建的时间可以追溯到唐贞观八年(634年),最初是为了解决上塘河的水运和灌溉问题而建,形式是长安坝,后来改建为单闸,并在宋熙宁元年(1068年)改建为上、中、下三道闸门,形成复式船闸。但在长安闸出现了100多年之后,意大利也出现了类似闸,所以推断技术是通过大运河传播出去的。故而大运河的一个重要功能就是连通陆上丝绸之路和海上丝绸之路。

▽海上丝绸之路的商贸景象(油画)

其他线路

线路 1
老北京运河 City walk 线

东不压桥与澄清中闸 —— 玉河 —— 南锣鼓巷 —— 南新仓 —— 禄米仓及智化寺

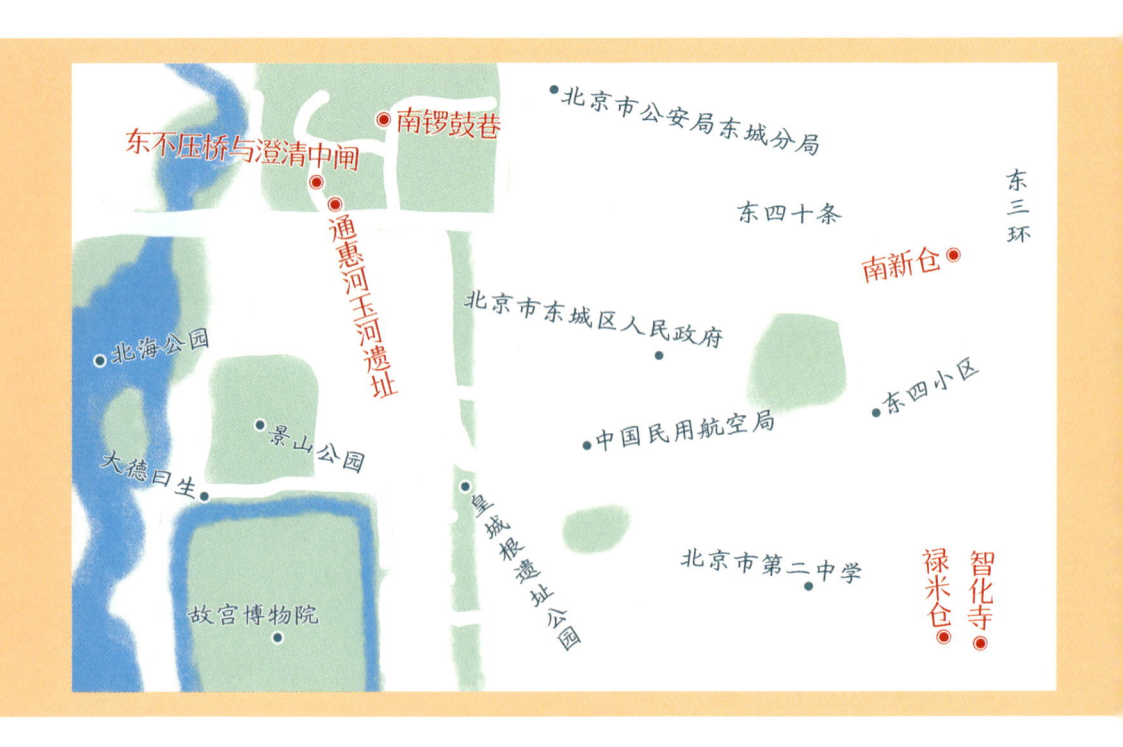

运河的名字故事多

东不压桥与澄清中闸

东不压桥，你听说过这个名字吗？也许你会说我初来北京哪里知道这个地方。其实就算是北京本地的很多年轻人也不一定听说过，就算听过也未曾见过。然而，在老北京人的记忆中，这里的名气相比较于它东面300米处的"南锣鼓巷"可是有过之而无不及呢！

东不压桥是大运河在市区内玉河段上的一座石桥，妥妥的世界文化遗产。当你从万宁桥沿着玉河行至地安门东大街处就可以看到它了。如今的东不压桥更像是一处考古遗址，在发掘之初，这里仅存部分桥身，桥两侧的引桥部分则基本保存完好。桥北不远处是澄清中闸，其中闸口处宽达6.1米，这里的闸石为元代遗物。过了这个闸口再沿玉河向前就到了元代大运河的终点积水潭码头了，那里有著名的万宁桥。

说到东不压桥人们最津津乐道的就是它的名字。小时候听到大人说东不压桥的时候老是暗自"听文生意"，并且揣测这桥下应该是不能养鸭子的吧，否则为什么叫"不压桥"呢？当略查这桥名由来之时，才发现这里居然远比能不能养鸭子更有趣。早在元代，东不压桥本来叫"丙寅桥"，至于这名称可能是丙寅年所造之意吧。到了明代，这里在文献中被记载为"锣锅巷布粮桥"，因为这里曾经是京城内布匹和粮食交易的"大市场"，桥边的集市热闹非凡，所以，布粮桥可是当时老百姓都知道的市井热闹地儿。而在清代，"乾隆版"的地图里出现了东布粮桥和西布粮桥。东布粮桥就是现在的东不压桥，西布粮桥则是什刹海和北海之间的一座桥梁。然而，在地名的使用过程中，老百姓可不管什么东布粮、西布粮的，只管怎么顺口怎么叫，甚至怎么好玩、怎么有趣就怎么叫！在接下来百余年的传承中，东布粮桥又被叫成了"东步量桥"，因为据说这个桥很窄，用脚步即可量出宽度，而"东不压桥"则是因为<u>明代皇城拓宽时城墙没有压到桥上</u>，因此叫东不压桥。西边那个"西布粮桥"因为压在了城墙下，京城百姓则称呼它为"西压桥"。而"布粮"二字有时也会被写成"步粮"和"步梁"，城里的人似乎也没有意见。至此，经过反复的字音讹变，老百姓好像还是喜欢这个"西压东不压"的称呼，于

△ 东不压桥

是约定俗成地传了下来。像这样的例子在北京还有很多，如"皇城根"改为"黄城根"，"驴市胡同"变为"礼士胡同"，还有背阴胡同、福顺胡同等则和北京人的语言有着密切的关系。

话至此，其实需要特别指出的是凡大运河所经过的城市，大家可以多多留心各处的地名，很多有着十分丰富的文化内涵，储存了大量的历史信息，也融汇了运河城市百姓的习俗与风物，深入考察"地名"可能会让你更加理解运河和它所流经的城市的文化。

在东不压桥的东北处有一组小巧紧凑的院落，这里是玉河沿岸的附属遗址，名为<u>玉河庵</u>。要是想走近东不压桥，通常都会由此门前穿过。玉河庵共有两进院落，前后两座大殿各三间，东西则有配殿。

庵虽小意义却甚大。在前文我们提到过要想读懂大运河是件不容易的事，因为我们时常会错过很多重要的"痕迹"。如今这里是一座文创咖啡厅，你可以选一个紧邻玉河的座位在这里惬意地小酌或稍事休息，但是，你也需要"提高警惕"，千万不要错过这里的运河文化信息。百余年前，这里可能是这样一番图景，南来北往的商船于此停靠过闸，人们上岸进香祈福，经营布匹和粮食的商户也一股脑地钻了进去，究其香火旺盛的原因则是里面<u>供奉着</u>大名鼎鼎的武财神——<u>关帝关云长</u>。就连庵内的住持也成了京城有名的"粮店"大投资商。小小的玉河庵成了这运河岸边的"活动站"，见证着运河两岸的市井繁华。

"玉""御"傻傻分不清

玉河

东城 玉河

说起北京市区内的大运河，玉河与什刹海、万宁桥一样应该是被提起最多的一个地方了，可是与另外两处不同的是作为河道的玉河却不像万宁桥、什刹海那样"一清二楚"。为什么呢？咱们来梳理一下，说到万宁桥的时候会提到玉河、讲东不压桥的时候会说到玉河、谈到金水桥的时候也提到过玉河，讲护城河景致的时候也涉及了玉河，而最让人糊涂的是玉河和通惠河还常常搅在一起，真是让人"丈二和尚——摸不着头脑"，那我们不妨在玉河遗址把它的"来龙去脉"说个清楚。

首先我们提到过元朝初年，起于通州的通惠河被郭守敬开凿成功。这条通惠河从通州一直流入内城护城河，并在丽正门和文明门之间穿

▽玉河遗址

城墙而入，一直向北过澄清下闸、澄清中闸最后到达万宁桥下。再过了桥西侧的澄清上闸就进入了积水潭，也就是海子。这样一条绵长的水道就是通惠河。

今天如果想造访玉河可以从澄清下闸处开始，这里已经被开辟为一处运河遗址公园。从南锣鼓巷南入口处一直向东，第一个十字路口右转就可以看到马路中央的街心公园，一段红色的宫墙残垣位居其中，上书"皇城根遗址公园"，这里便是"皇城"的城墙遗址，在它的西侧便是澄清下闸和玉河的河道遗迹了。由此我们可以清晰地看出玉河河道是位于皇城城墙之内的，正是明朝初年的这一"城包河"的做法导致了漕船不再能驶入大都城的积水潭。因此明清时期，元代的通惠河就成了这番"模样"：通惠河在东便门进入外城后，与内城的护城河相连接，在正阳门和崇文门之间穿过城墙进入内城，随后一路向北，过玉河北桥后紧贴皇城内侧流至什刹海，即元代的积水潭。其间穿过了澄清下闸、澄清中闸（东不压桥）、澄清上闸（万宁桥）。进入内城后的这一段也不再称为通惠河而被叫作玉河了。当然，河水自然是可以流通的，而南来的漕船只能停泊在东便门外。

今天，我们仍然可以在玉河遗址公园的东入口处看到曾经的闸口、闸墙、闸槽石以及河底石等原物。夏日时分，河中清水潺潺，想象一下如今宁静的运河主题公园，曾经有着怎样的繁华。沿玉河遗址河道一直向前行，南侧的堤岸上展示了颇有气势的《京杭大运河风物图》，它为我们展现了从积水潭、玉河开始沿通州、天津、德州、扬州一路南下的运河城市文化景观。

玉河河道与地安门东大街的交会处就是东不压桥，到了这里你可以选择继续沿河道一直向前，大约10分钟就会抵达万宁桥，而什刹海就在眼前了。当年运河上的漕船也是沿此路线一直抵达运河终点码头——积水潭古港的，也许今天的我们可以在此处试想一下，当年千里北上的船家行舟至此会是怎么样的心情？

中轴线上有几条河？

外城南护城河、正阳门外龙须沟、内城南护城河、金水河、内金水河、故宫护城河和玉河水系。

△南锣鼓巷

"一巷两玩"的打卡秘诀

南锣鼓巷

只要你想来北京旅游,"南锣鼓巷"就会以各种方式进入你的旅行攻略。吃、看、玩；复古、国潮、前卫，都能跟南锣鼓巷有关，难怪每年北京的旅游热点榜中，这条不到 800 米长的巷子总能轻易上榜。

南锣鼓巷的交通十分便利，坐地铁 6 号线或者 8 号线到南锣鼓巷站下，从 E 口出来便是。要想真正感受"南锣文化"，除了逛一条巷子，还要走进巷子两边的大片社区，也就是"一条线"加上"一个面"，才能真正触摸到本地文化，才是南锣鼓巷的正确打开方式。

南锣鼓巷的历史要一直追溯到元大都的营建。作为经过缜密规划的大都城，居住的区域都以"里坊"这一基本单位被整齐地布局在城市

△ 南锣鼓巷胡同　　　　　　　　　　　　　△ 南锣鼓巷全景导览图

中。当时，大都城规划了 50 个坊，坊之间则以较宽的街道串联，形成棋盘一般的格局。在大都城临近积水潭的玉河东部，也就是我们前面提到的大运河澄清中闸以及东不压桥处便设立了"昭回坊"和"靖恭坊"，两坊之间的街道就是南锣鼓巷，只不过当时的<u>名称叫"罗锅巷"</u>。这样说来，南锣鼓巷至今已有 800 余年的历史，更难能可贵的是，这片街区是北京城内较完整地保存了元代城市格局的珍贵样本。

今天的南锣鼓巷呈现出"一条巷子在中央，十六条胡同排两边"的格局，我们也不妨以这样的方式展开体验：穿行南锣鼓巷，体验烟火气与新潮生活；漫步里坊胡同，探寻厚重历史与运河记忆。

从地铁出来，一进入南锣鼓巷的入口，你就会被汹涌的人潮和<u>"一步一个店铺"</u>的热闹劲儿吸引，从 T 恤衫到手账本，从冰箱贴到帆布包，潮品塞满了各个创意小店。如果看到进店就急急忙忙、东找西找的人，十有八九是来打卡的"盖章一族"。味蕾在南锣鼓巷自然是闲不住的，你首先要做好"选择困难"的准备，是"逐个突击"，还是"重点攻破"。800 米的南锣鼓巷既汇聚了天南地北的美食，也可以搜罗到门类齐全的北京传统风味。炸酱面、卤煮火烧、炒肝、灌肠……香味弥散到巷子里的每个角落。

味蕾之上是精神滋养。南锣鼓巷可不是一条从南走到北就算成功"打卡"了的地方，千万不要忘记它两侧的<u>十六条胡同</u>和胡同背后的北京记忆。

南锣鼓巷里的名人故居

南锣鼓巷左右两侧的胡同汇集了大量的名人故居，如僧王府、凤山私宅、齐白石旧居纪念馆、达贝子府、婉容故居、矛盾故居、蒋介石行辕等。

茶馆小天地，社会大舞台

茶馆，承载着北京人聚集在一起的需要，因此很多茶馆会提供各种娱乐活动供茶客观赏。还给他们提供了一个"侃大天"和"说合事儿"的场所。当年老北京的茶馆，兼具了不少社会功能，是老北京人的社交平台，打听得到各种"小道儿消息"。每家茶馆都有自个儿的职能，比方说职业介绍所、俱乐部等。

清朝由于实行"兵民分城居住"，南锣鼓巷两侧各八条的胡同中相继迎来一批批达官显贵，演绎出一幕幕历史大戏。晚清重臣荣禄曾居住在帽儿胡同5号，旁边则住着大学士文煜。文煜在位期间，身兼多项要职，积累了大量财富，家宅中的可园是京城少有的精美私家园林。而这片大宅院在民国时期卖给了代理总统——冯国璋。胡同的35号则是末代皇帝溥仪的皇后——婉容的旧居。婉容1906年在这里出生，也在这里度过了美好的童年和少年时期，1922年12月，16岁的婉容从这里坐上轿子被抬进了紫禁城。

由帽儿胡同向南是雨儿胡同，这里的13号院是国画巨匠齐白石的纪念馆。小院不大，却是南锣鼓巷街区众多名人私宅中能进入参观的几处私宅之一。院子中的正房（北房）以原状陈列为主，展示齐白石的客厅、画室、卧室等场景。在东厢房的生平展中可以了解大师的成长之路。倒座房（南房）的文创很有特色，齐白石的画平易近人，老百姓能看得懂，也容易被打动，一只蝈蝈、一棵大白菜都是一幅画，而由此衍生出的文创也显得清新动人，让人爱不释手。

位于南锣鼓巷街东侧的胡同也都有着自己的故事。炒豆胡同的名字很有趣，相传这附近的运河边上有一座玉河龙王庙，一条心地善良的小白龙掌管着玉河。不知是哪一年、哪一天，玉皇大帝听说京城供奉他的神庙很少，便命令龙王不许给大地降雨。小白龙怜悯京城的百姓，就违背旨意私降甘霖，玉帝大怒，不但把小白龙关了起来，还说什么时候"金豆开花"才能放了他。于是，这个胡同里的老百姓为了救出善良的小白龙，家家在锅里炒豆子，炒出花来便向天上大喊"金豆开花喽，金豆开花喽"！玉帝听闻这些方才把小白龙放了出来，而龙王庙旁的这条胡同就成了"炒豆胡同"。虽然这只是一个美好的传说故事，但背后展现了大运河对民间文化深入而生动的影响。

炒豆胡同向北的棉花胡同就是大名鼎鼎的中央戏剧学院所在地，这里的实验剧场经常上演刚排练好的新剧，如果有时间，最好能走进去体验一下前沿的戏剧表演，也把"南锣"旅行的文艺范儿拉满！

△南新仓

好一个京城"大粮仓"

南新仓

如果从积水潭、万宁桥走起，大运河畔的古桥、古河道、闸口以及商业街巷纷至沓来，也许你还没有完全熟悉它们，但接下来的南新仓会再次颠覆你对大运河的想象。

开凿大运河最重要的目的就是漕运，也就是为皇家输送粮食，而粮食源源不断运抵京城后则需要专门的仓储设施妥善储藏。尽管北京四季分明、较为干燥，但也有炎热的夏季和强降雨时期。除此之外，还有大量喜食五谷的昆虫、鸟类乃至小动物。稍有闪失，整仓整仓的粮食便会毁于一旦。因此，重要的运河码头或城市就必须配备足够多的专用粮仓用以储粮。

南新仓就坐落在二环路东四十条桥的西南角，在整片现代化的高楼

东城 南新仓

不同历史时期漕运中心的变化

隋唐时期，漕运体系以洛阳为中心，通过北方的河流或渠道进行东西向运输。隋唐大运河的开通使得漕运从东西向转向南北向，洛阳和扬州成为重要的漕运枢纽城市。五代两宋时期，漕运体系以汴京（今河南开封）为中心，通过江淮地区进行南北运输。汴京因其转输中心的位置而迅速崛起，成为后周乃至北宋的帝都。元明清时期，漕运体系进一步发展，形成了以北京为中心的新体系。天津、德州、临清、济宁、淮安、苏州和杭州等城市因漕运而兴起。

大厦中格外显眼。巨大的仓廒建筑群会让每一个路过此处的人多看上几眼。如今的南新仓已经开辟为文化休闲街区，无须门票和预约你便可以置身其中，甚至走进仓廒内欣赏艺术展或是喝上一杯香浓的咖啡。

南新仓以及附近的 6 座粮仓在明初陆续建成，那时紫禁城还没有落成，朱棣也还没有迁都。乾隆年间，又建了 6 座粮仓，累计起来达到 13 座，被称为"京师十三仓"。南新仓是所有粮仓中**仓廒数量最多的**，到乾隆年间已达 76 廒。你眼前所看到这个灰色的大房子就是一廒。通常，每廒长 23.8 米，宽 17.6 米，高约 7.5 米。为了达到最佳的储藏效果，仓廒做了精心的设计。仔细观察可以发现仓廒墙体十分宽厚，下部最宽处可达 1.5 米，这样可以保证里面的空气不被外面的冷热环境变化所影响，以达到恒温的作用。往屋顶上看，一个有趣的小房子被放在中央，这是**气楼**，起到**通风防潮**的作用。但是风进来了，可不能让鸟进来！既通风还要防鸟。因此，古人用竹篾编成网子罩在上面，这才做到万无一失！

仓廒最重要的目的是储存粮食。据统计，仅南新仓的仓廒就可储存 1 亿斤粮谷，以 40 英尺标准集装箱计算的话，大约能容纳 2000 个集装箱，是不是很可观呢？而这才仅仅是一个南新仓的储粮量！

▽北京南新仓文化博览馆

海瑞在此守粮仓
禄米仓及智化寺

△禄米仓

如果看了南新仓后觉得还不过瘾，没关系，继续向南出发，还有一个禄米仓等着你去发现。

与南新仓一样，禄米仓也是在元代北太仓的基础上改建而成。禄米仓的名字就取自储藏官员俸禄之粮的意思。今天的禄米仓远没有南新仓一般做更多的商业开发，2023年，仓廒做了修缮，尽可能地恢复了原始的面貌。与南新仓相同，仓廒采用大城砖砌筑而成，十分坚固，尽管如今留下来的粮仓遗址，与最辉煌的康熙年间的43座比相去甚远，但我们依然可以领略其朴拙而雄浑的风采。更值得一提的是，据禄米仓内一题名碑记载，历史上著名的大清官——海瑞竟然管理过这座粮仓，当过"仓场监督"。想必在那段时间里，这几十座大仓廒里的漕粮一定颗粒不失！

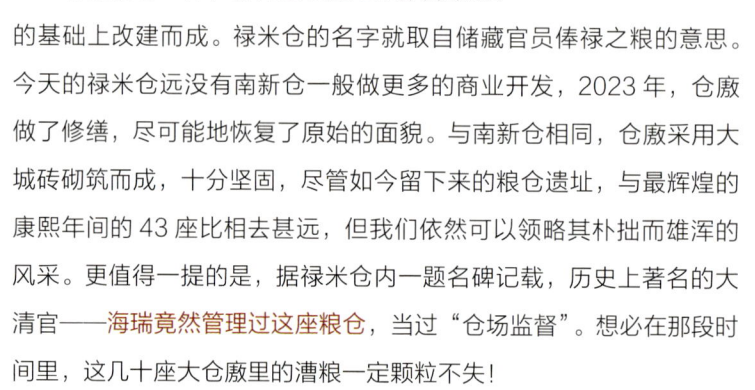

出了禄米仓，从门口的胡同继续向东，还有一个珍珠般的古迹藏在深巷中，这就是大名鼎鼎的智化寺。智化寺建于明正统九年（1444年）。寺内完整地保存了四进院落，是北京市内最大的明代木结构建筑群。当然，这里更以智化寺三绝而著称于世：一绝为智化殿西配殿（藏殿）内的转轮藏，它把精深的佛教义理藏于严谨的建筑结构之中，展现了出神入化的艺术造诣；二绝为藻井装饰，曾装饰在智化殿和万佛阁顶部的藻井可惜已流失到国外，而唯一幸存的藻井在转轮藏的正上方，但站在藏殿门口无法看到；三绝为京音乐，智化寺京音乐是我国现存古乐中唯一按代传承的乐种，绵延至今已近600年。这些古乐从宫廷传入寺中，再将宫廷音乐、佛教音乐与民间音乐融于一体，成为我国"五大古乐"之一。目前，智化寺内定时现场演奏"中国音乐的活化石"——京音乐，提前安排好时间，去聆听这来自600年前的古老乐声吧！

禄米仓胡同

禄米仓是明、清两朝存储京官俸米的地方，现在是视听产业园区，附近有许多以米为主题的文创店。

线路 2
"仰望星空 脚踏实地"线

古观象台 —— 北京明城墙遗址公园

钦天监的"法宝"
古观象台

通惠河到了东便门处的大通桥和护城河水就连接在了一起，河水向北分别流经朝阳门和东直门，那里是皇家粮仓的所在地。在东便门和朝阳门之间，也就是现在二环路与长安街的交会处有一座古老的观象台。很多来北京的游客往往在坐公交车时瞥见过，可不等仔细观察，便错过了。只是隐约看到上面有些奇怪的装置，仅此而已。

北京古观象台像一块小小的玺印按压在车水马龙的长安街边上，它可是世界上最著名、最具影响力的古天文台之一。观象台建于明正统七年（1442年），其后，明、清两朝的皇家天文"观测站"就设置在这里，名为钦天监。在古代，这里除了要开展观测天象的研究以外，还要肩负起推算节气、制定历法的重任。精确的历法对国家农业生产和百姓日常生活起着极为重要的作用。从明初到1929年，观象台持续观测天文将近500年的时间，被称为"世界范围内持续观测时间最长的天文台"。

乘地铁1号线或2号线在建国门站下车，C口出来便是，这是最方便的抵达方式。观象台的天文仪器是最大看点。一进古观象台小院，

△赤道经纬仪和纪限仪

△地平经纬仪

历史上的劳模名人都有谁？

帝王圈雍正：据史书记载：在雍正执政的十三年里，他每天经常需要批阅二三十件奏折，他曾说道"各省文武官员之奏折，一日之间，尝至二三十件，多或至五六十件不等，皆朕亲自览阅批发，从无留滞，无一人赞襄于左右"。

史学圈司马光：为了编写《资治通鉴》，他参考了宋神宗私藏的2400余卷书，还参阅了222种资料、3000多万字，前后花了19年时间。到66岁时才编写完成了和《史记》齐名、此生必读的历史书籍《资治通鉴》。

"法官"圈狄仁杰：675年左右任大理寺丞，一年时间就将大理寺历年积压旧案清理一空，共计审理17000人，这个战绩在法官界可谓空前绝后。

两架大型的仪器便十分引人注目，外形看上去就像是一个个的圆环被套在了一起，很难揣测这是什么用途。其实，这两个大致属于一种仪器，只是做了升级换代，或者按今天的说法叫作"2.0版本"。像地球仪的这一个称为浑仪，它以"浑天说"为基础，实现了一器两用。第一，可观天；第二，可显示日月星辰以及大地的运行轨迹。然而，由于仪器结构过于复杂，导致在观测某些天体时被其中的设备构件遮挡，因此旁边的简仪便应运而生。它的创造者就是那位开凿通惠河的郭守敬。简仪可不等于简易，其实是将原有的装置单独分置，各自成为独立的观察系统。简仪与浑仪都是我国科学家自行研制的天文观测装置，无论在时间上，还是科学性上都领先于当时其他国家的天文装置。目前古观象台的这两架仪器均为复制品，原件存放在南京的紫金山天文台。

拾级而上，观象台二层平台上的八架天文仪器是最大的看点。一座像地球仪的装置名为天体仪。圆形的主体就是对天空的呈现，上面可以清晰地看到一群群按各自星座分布的星体。它们大小不一，这是因为根据它们不同的亮度决定的。你能在上面找到一条灰色的带状痕迹吗，那就是银河。再看中间那一圈青铜圆环，外侧雕刻得十分精美，它的上面则是有关日期和时辰的刻度。巨大的青铜"天体圆球"可以轻松被转动，上面的刻度正标示出不同天体在苍穹中运行的时间。

观象台上八架仪器中的七架都是由比利时天文学家南怀仁和法国天文学家纪理安设计的。1744年，当乾隆帝登临观象台视察后认为中国的天文仪器同样具有独特的结构、功能和特色，随后命钦天监官员再行设计一架置于其上。十年后，一座造型结构异常精美的仪器被制作完成，它就是平台上的"玑衡抚辰仪"。它创造性地融合了历朝浑天仪的原理，通过一定程度的调整与创新，使观测更为精准。

如今，古观象台经常举行各种与天文有关的科普讲座和研学活动，特别适合孩子们来此学习古代天文的知识和科技发展历史。通常这里都很安静，特别适合慢慢揣摩天文仪器的观测使用方式。当然，如果这里有一天人声鼎沸、络绎不绝，那倒也是个不错的"生态"状态，你说呢？

东城　古观象台

登上城墙看运河

北京明城墙遗址公园

如果你坐火车来北京,又恰好在北京站下车,那"北京明城墙遗址公园"就是给你的第一个老北京"见面礼"。火车从东便门的角楼和城墙下驶过,因 1958 年北京火车站重建,担心拆除角楼会给正在运营的铁路运输带来危险,所以才幸运地被保留下来,它也是老北京内城四个角楼中唯一被留存下来的一个。

在遗址公园可以看"运河"。从城墙的东端向下望,一个 C 字形的

▽北京明城墙遗址公园

东城 北京明城墙遗址公园

△ 明城墙遗址公园的秋色　　　△ 明城墙遗址公园的春色

河道就在眼前，南北向的河道为护城河，东西向的就是通惠河。在明清时期，护城河在 C 字形左上角的位置还会继续向北延伸，直达朝阳门和东直门，漕粮的粮仓就在这两座门内。而这交汇处就是大通桥和大通桥闸。大通桥是通惠河<u>从内城流向通州的第一桥</u>，也是<u>第一闸</u>。在这里，通州来的漕粮被卸下，再由护城河或陆路运至城内。而在元代，郭守敬设计的通惠河是可以直达大都积水潭的。之所以发生改变，其主要原因就是西山的水资源不足和明代皇城的修建。在玉河一节我们特别讲到，皇城将大都的玉河圈在了城内，这直接导致了漕船无法进入。自此，漕船最远只能抵达东边门下的大通桥了。可以说，大通桥是这段<u>漕运功能重大变化</u>的见证。这一改变也直接导致了北京城内水系性质的变化，航运"黄金水道"变成了"城市河道"。

开放时间： 公园全天开放，东南角楼 8:30 — 17:00（周一闭馆）。
票务信息： 公园免费，东南角楼门票 10 元。
交　　通： 乘地铁 2 号线或 5 号线崇文门站下。

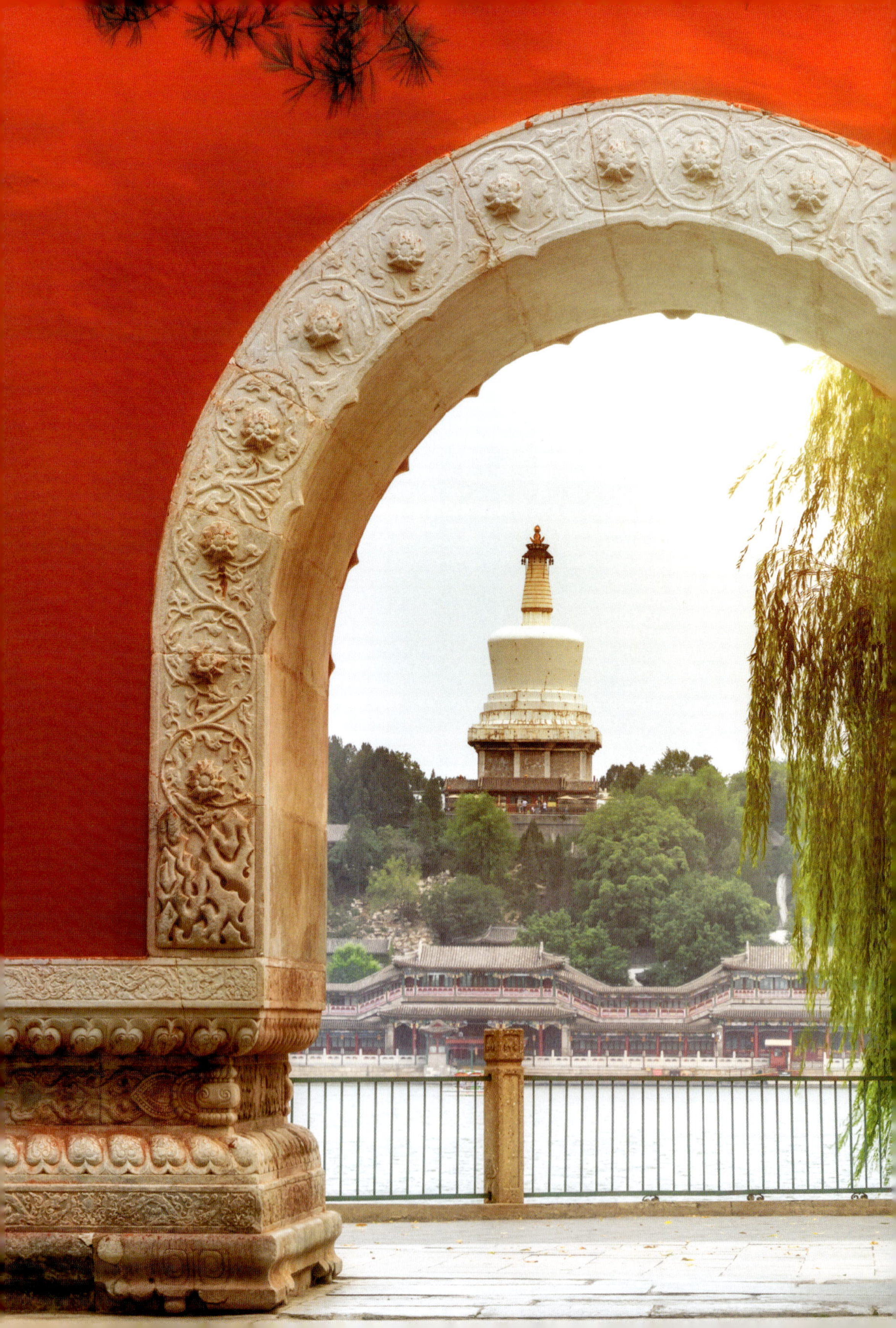

西城

"走运团"精品线：

▶ 什刹海

烟袋斜街 ◀

▶ 北京郭守敬纪念馆

北海公园 ◀

其他线路

线路 感受什刹海边的山·水·人·情线

宋庆龄同志故居（醇亲王府）—望海楼—鼓楼西大街—钟鼓楼—地安门外大街—银锭桥—京杭运河积水潭港碑—火德真君庙—恭王府—郭沫若纪念馆

"走运团"精品线

什刹海 —— 烟袋斜街 —— 北京郭守敬纪念馆 —— 北海公园

线路嘉宾成员

马家辉： 文化圈里的反差感大叔，喜欢并接受年轻的文化。
蒲熠星： 年轻人生活方式，喜欢新奇的事物。
段志强： 可爱的历史知识输出担当，行走的"百科全书"。

　　沿着郭守敬引水入都城的路线，探寻大运河对北京城市格局、人民生活、中华文化的深远影响。

准备好，
　　和我们一起走运河！

北京城里有个"海"

什刹海

  什刹海的名气真大！来北京旅游你无法"躲开她"，走着走着不知不觉中就进入了她的怀抱。当然，要想"玩透"那还真是不容易，特别是在这里想看懂大运河似乎更增了几分"难度"。为什么呢？因为什刹海不仅是一摊水，更是因水而成的一个巨大的文化区域，她的多样性和丰富性超出我们的想象。当然，体验文化总是有方法可循，我们尝试做个"分门别类"，旅行的思路可能就更清晰一些，游览线路也就随之出来了。

  以今天的视角看，我们可以**从三个角度**感受和造访什刹海。

▽什刹海

西城 什刹海

△冬季结冰的什刹海水面　　　　　△夏季游客在什刹海水面上划船

夏天北京年轻人的水上生活

桨板、皮划艇、游泳、赛艇。

第一，历史之"海"

我们从什刹海的名称便可一窥什刹海沧海桑田的变迁过程。元代，忽必烈始建大都城，当时这里是一片巨大的水域，宽阔如海，因此就有了"海子"的名称，当然此处也被称为古积水潭。由于大都漕运和通惠河的开通，积水潭也就成了京杭大运河的终点码头。在万宁桥这一节，我们还特别提到规划大都城的范围也是依据什刹海的东西宽度而确定下来的。到了明代，由于积水潭不再作为运河码头之用，再加之其他多种因素，积水潭水域面积减小，逐渐演变成三个相互连通的水域，由东南到西北分别是前海、后海、西海，"三海"之间则有银锭桥和德胜桥跨"海"而过，方便南北的交通。到了明代中叶，什刹海的名字逐渐被使用，前海和后海被统称为什刹海，而西海也称为积水潭。清代则基本沿用了明代的名称，曾经的前海因湖中遍植荷花，因此有时也被称作荷塘。每到夏季，荷塘南岸及河堤上聚集了大量的小商贩和民间艺人，十分热闹，渐渐地，老百姓便称呼此地为"荷花市场"，一直沿用到了今天。

你看，通过名字变迁过程的了解，就可以让我们对 800 年来什刹海及其周边的历史有了一个整体的把握。从运河的码头再到民间的商贸市集与百姓乐园，什刹海就这样一点点地为自己积累了丰富的历史文化信息。

第二，古迹之"海"

正因为什刹海 800 年来积累的丰富历史，也成就了这一地区极其丰富的文物古迹。可以说，当你漫步什刹海时，一不留神可能就错过了好几处各个级别的"文物保护单位"，密度之大超出想象。佛教寺院、道教宫观、王府官邸、私家园林、名人故居、著名老字号店铺，真好似教科书般的"齐全"。仅仅著名的燕京小八景，什刹海就占了六处。

第三，幸福之海

其实无论过去还是现在，这里一直是百姓的乐园。你可以来这里买柴米油盐，也可以来此处寻找古玩墨宝；你还可以和朋友湖畔赛诗，也可以"猫"进一个酒吧体验一下小资情调。想当年，曹雪芹曾在此做私塾先生；鲁迅频繁进出广化寺指导图书馆工作；齐白石在酒楼中小酌一杯，而梁启超也会来此呼朋唤友；大冬天儿的，北京孩子扎堆来这里滑冰车，而大爷大妈最"豪横"，几个人就可以凑在一起组建个冬泳队，专挑最冷的天往水里扎！按老北京的话来说，什刹海就是这么个"杂吧地儿"，她可以容纳一切并且毫无怨言地悦纳每一个需要慰藉的灵魂。

来北京，怎么能不来一次什刹海……

大运河 闪耀点 之 北京早就是个国际大都市

历史上的北京早就是国际大都市了，元朝忽必烈所建立的蒙古帝国可以说叫第一次"全球化"。其庞大的地理范围和强大的军事力量，极大地促进了东西方的贸易和文化交流。蒙古帝国的领土从太平洋沿岸延伸到地中海，南抵印度洋，北方则一直到西伯利亚无人区。中亚、西亚和欧洲的好多人到元大都来。

什刹海为什么叫海？

唐： 什刹海明明是个湖，也就是英文中的lake，为什么能被叫作海呢？

阎： 因为蒙古人管水叫海子。你今天去青海，去那边旅游，那有好多湖。还有内蒙古巴彦淖尔的乌梁素海，是个湖。

张： 据说当时开通了通惠河之后，忽必烈特别高兴。忽必烈回京，站在万宁桥上，看到郭守敬把这里疏通了以后，就给取了通惠河的名字，通济大都、惠泽四海的意思。

△烟袋斜街

曾经就在码头前

烟袋斜街

无论是想从地安门外大街步行去什刹海畔，还是计划从银锭桥上穿行至鼓楼脚下，烟袋斜街都是进出什刹海区域的便捷之路。这条街并不长，仅有232米，却是什刹海地区的交通要道。至于这斜街形成的原因已找不到足够准确的信息，然而，一个奇怪的现象或许可以揭露些许的蛛丝马迹。

从东口入烟袋斜街，你会发现路北侧的房屋基座明显高出地面，继续向西行则基座的高度逐渐下降。据学者研究表明，较高的基座很可能说明当年此处为什刹海的水岸，后来，因多种原因导致河岸逐渐向后退却，这里也就成为一条与鼓楼西大街几乎平行的斜街。如此说

北京有几条斜街？

除烟袋斜街外，还有杨梅竹斜街、王广福斜街等。王广福斜街即现在的棕树斜街，原名王寡妇斜街，后来觉得不好听，就改名为王广福斜街。

△烟袋斜街地理说明牌　　　　　　　　　　　　△烟袋斜街胡同

打渔厅斜街

烟袋斜街形成于元代，初称"打渔厅斜街"，因为当年在这里设有收货船税和渔民捕鱼税的官衙"打渔厅"而得名，相当于水务厅。清末时期改称"烟袋斜街"。

来，运河的码头还有"造街"的本领。

很多游人会对烟袋斜街的名字感兴趣，并在网络上查到这样的内容：此街的道路由于像一只烟袋，因此而得名。其实不然，烟袋斜街的名称主要还是源自这里售卖的商品。清末，此街是北京城内最重要的烟袋和香烟制品的销售地，消费者则主要是那些八旗官兵。随着清朝的没落，吸烟的嗜好也因为财力不济而打了折扣。再往后，"烟民"来此街更多的是变卖家中的文玩古董来维持生计。由此，斜街的主业也就改成了古玩玉器、字画装裱这些行当。历史来到今天，商业的主题再次发生了变化，国潮商品、主题邮局、文创纪念品、地方特色美食等，属于这个时代的商品正轮番登场……

当然，除了经商做买卖，这里还有相当数量的居民居住于此，与之相伴的宗教场所也逐渐形成并发展到了相当大的规模。位于街道中部的广福观已有560余年的历史，明代掌管天下道教的"道录司"正位于观内。如今，重新修复过的广福观成为集中展示什刹海地区历史文化的展厅。尽管面积不大，但能用极简练的策展形式和语言为你勾勒出什刹海的历史变迁之路，对于想深入了解什刹海的人来说是个极好的"运河文化行前辅导班"。

大运河 闪耀点 之
京味儿不只红墙绿瓦

　　北京的京味不只有红墙绿瓦、四合院胡同，还有很多苏式的建筑，即20世纪50—60年代完全由苏联专家负责设计施工的"新中国建筑"，以及受苏联建筑原则、风格影响下的有代表性的相关建筑。它们也代表了北京的一段历史，也是北京京味儿的重要组成部分。例如，人民大会堂、北京展览馆、北京西站、首都剧场、北京动物园、中国人民革命军事博物馆、钓鱼台国宾馆十号楼等。

▽首都剧场

大运河之父
北京郭守敬纪念馆

可以说，在与北京段大运河有关的一系列名人中最重要，也是最闪耀的一颗"明星"就是郭守敬。尽管有忽必烈的定大都、兴水工，也有康雍乾盛世时的造园林、营漕运，但哪一个"帝王将相"恐怕都无法遮蔽郭守敬的伟大成就和对这座城市极为深远的影响。于是在积水潭的北岸，一座明永乐年间建造的汇通祠被开辟为"郭守敬纪念馆"，以此向世人展示这位伟大科学家的成长之路和丰功伟绩。

来这座纪念馆有两种方式：一是从什刹海北岸经银锭桥、望海楼、宋庆龄同志故居、三官庙旧址到达纪念馆，这一路线可用步行方式，沿什刹海北岸将重要的古迹和遗产点"一网打尽"，既有湖光更有山色（西山），会有十分"过瘾"之感，全程2.5千米左右，不计算参观时

△北京郭守敬纪念馆

△ 走运团成员瞻仰郭守敬塑像

间约需 40 分钟。二是可乘地铁 2 号线，在积水潭地铁站 C 口出站后便是纪念馆大门。

汇通祠在一座不高的小山上，只需 3~5 分钟的攀爬便可到达。纪念馆常设展览以"郭守敬"+"大运河"为主题，包含"郭守敬的成就""郭守敬对大都城和漕运的规划设计""通惠河的营建智慧"以及"郭守敬的影响"四个专题。

郭守敬究竟为何人，他到底取得了怎样的成就？让我们先看看他的"名头"。郭守敬是天文学家、水利学家、数学家、测绘学家，还是一位城市规划家。而且，这几个取得重要成就的领域都具有很强的独立性，在今天看来完全属于不同的学科。此外，更难能可贵的是郭守敬在这些领域中除了理论上有自己的创建，还直接参与其中的实地考察、设备制造甚至工程施工，并且产生了一系列更为重要的实践成就。粗略"盘点一下"：他在天文学上编撰《授时历》、制造天文观测仪器——简仪；测绘学上开展极为宏大的大地观测——四海测量；水

打通大运河的"最后一公里"

郭守敬三步曲：寻水（白浮泉）、引水（C 字形引水，海拔差）、逆水行舟（通惠 24 闸，高低差）。

影响古代生活的科技大咖

有鲁班、墨翟、石申、落下闳、张衡、蔡伦、祖冲之、郭守敬等。

利工程领域更不必说，仅仅他的白浮泉引水工程就堪称神来之笔。

那么郭守敬究竟如何从一个"小镇少年"摇身一变成为如此伟大的科学家呢？纪念馆的展厅内有关郭守敬生平的展览可以一探究竟。

尽管郭守敬的祖父曾经作为他的老师对他进行启蒙教育，但是在少年郭守敬的"求学"和"自学"之路上却有着与绝大多数学习者迥然不同的一面。

在他很小的时候，当看到一幅有关"浑天"理论的图像后，竟然用竹片在土堆上造出了简单的"浑天仪"，并且能用它在夜晚观测星辰。这样的学习方式不正是我们今天所倡导的"项目式教学法"吗？就是通过亲自动手完成一个"任务"解决现实生活中的问题，而且这个任务往往需要多种学科知识的深度整合方能完成。

初出茅庐的郭守敬在自己家乡的一次治水实践中，通过实地踏勘地形准确地找到建造石桥的最佳位置，而且在施工时还发现了失踪30多年的旧石桥的遗迹，这说明他所确定的建造位置与以前是一致的。由此我们可以看到这位当年只有21岁的小伙子——郭守敬有着十分出色的实地调查能力，而且在他后来的论述中自己也格外强调"实地调查、注重实验"的重要性。

从以上事例我们可以发现，郭守敬的学习过程一直是伴随着"现实

西城　北京郭守敬纪念馆

△ 参观展厅的走运团嘉宾　　　　△ 葛老师为成员讲述郭守敬对大运河的贡献

109

△ 郭守敬纪念馆的秋色　　　　　　　　△ 郭守敬纪念馆文创店

问题的解决""科学方法的学习""科学精神的培养"而逐渐深化的。此外，郭守敬还有着极为强烈的社会责任感和拳拳报国之心，1262年，当他被举荐给忽必烈时，一口气提出了六项建议，这些建议包含北京、河北、河南等地的治水方案。可见，要不是他心忧天下的家国情怀与责任意识，怎能有如此广泛的观察、思考，又怎能为国建言献策呢。难怪当郭守敬每向皇帝阐述一条自己的建议后，忽必烈都会感慨："任事者如此，人不为素餐矣"，意思是说：如果负责事务的人都能够这样尽职尽责，那么人们就不会无所事事"白吃饭"了啊！

在现代教育上，有一种叫作STEAM的教学方法被认为是培养学生跨学科能力、切实提升人才综合素养的有效途径。它把Science（科学）、Technology（技术）、Engineering（工程）、Arts（人文）、Maths（数学）五个学科的知识相融合，以解决现实问题为路径，从而实现全面培养学生综合素养与问题解决能力的目标。回顾郭守敬的童年以及青年学习之路，他的成长过程已经属于，甚至超越STEAM教育的范畴了。

开放时间：周二至周日 09:00—17:00。
交　　通：地铁2号线或19号线积水潭站下C东南口出。

大运河 闪耀点 之 饮水思源

都说"饮水思源",所思之源不仅是水本身,也包括是谁将一汪汪的清水带到大家面前的。因此可以更加直接地说,要是没有郭守敬,运河的终点就不会是积水潭,而是在通州了。漕粮也无法通过水路直接运到都城核心区域内,只能运到通州后再转为陆路运输。

北京能够从元朝、明朝、清朝一直成为国家的首都,其最大的问题就是解决了北京粮食供应,而要解决这个粮食供应其他途径是不行的。元朝也试过海运,没有成功,因为当时海运,第一,没有像今天一样配备有马达发动机的船只,所以行船只能依靠洋流和风向。第二,当时没有远程通信方式,船只与目的地无法联系,因此船在途中究竟是丢了、翻了,还是被盗了,都不知道。那么国家的粮食没有办法及时有效、万无一失地供应到位。所以必须靠人工运河的运输才可以,而元代之前的大运河只到通州,当时这最后一公里的问题没有办法解决,是郭守敬通过引昌平白浮泉济运、节水行舟等方式,使漕船能够逆水行舟,进而沿通惠河从通州驶入大都城内,所以实际上就是他把运河的终点带进了北京城。

▽走运团的成员在西海湿地公园展望北京的供水格局

特邀嘉宾成员

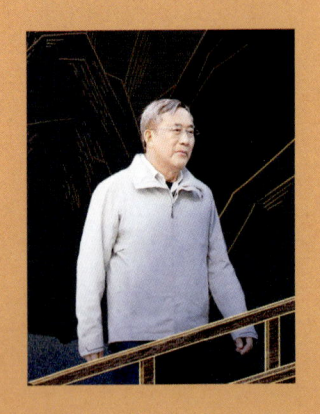

葛剑雄

复旦大学文科资深教授，历史学博士，博士生导师，祖籍浙江绍兴，1945年12月15日出生于浙江湖州，教育部社会科学委员会委员、第十二届全国政协常委、中央文史研究馆馆员。长期从事历史地理、中国史、人口史、移民史等方面研究，著有《西汉人口地理》《中国人口发展史》《普天之下：统一分裂与中国政治》等论文百余篇，作品获"五个一工程入选作品奖""郭沫若史学奖"等，被国务院学位委员会、教育部评为"作出突出贡献的中国博士学位获得者"。

天文历法样样精通

葛： 四海测验即为郭守敬等发起并组织的大规模全国天文测量。从1279年开始，在当时的元朝疆域之内27个地点进行，为编纂《授时历》奠定了基础。

阎： 这些观测站，郭守敬难道都去过？

△葛老师为大家讲解郭守敬的生平事迹

葛：好多地方他是亲自去过的，当然现在史料未明确记载过他具体到过哪些地方，但至少已知的是四海测验这个项目是他组织并主持的。据记载，这些观测站的位置，东至高丽，即现在的朝鲜半岛，西至川滇和河西走廊，北到西伯利亚，南至珠崖，即海南岛，所以就可推算出大概到南纬 10°、11°。而此次项目测量内容之多、地域之广、精度之高、参加人员之众，在中国历史上乃至世界天文史上都是空前的，比西方进行同样的大地测量早了 620 年。

张：因此就可以根据这些数据编著历法。郭守敬通过圭表测影，测量出一年大约有 365.2425 天，这个数据已经相当精确了。

阎：听说他开发海拔这个概念，也比西方要早很长时间。

葛：郭守敬当时没有自觉意识到这是一个很重要的概念。但实际上来说，我们提出和认识到有海拔这一概念是要比西方早很多的。元朝时期，虽然通过蒙古西征之后中西方交通和交流与之前相比较为通畅，但是这些概念和认识并没有与西方沟通过，所以我们有些科技的成果，我们当时的人是没有意识到的，只有现当代人客观地比较后才认识到原来这就是海拔，才认识到郭守敬他所作出的科技上的贡献，对中国和现在的都城北京来说是多么的大而深远。

让我们荡起双桨

北海公园

在北海公园里找寻大运河一定要从北门进入。什刹海南口（荷花广场）的正对面就是北海公园的北门。不过入口并不很明显，一不小心就会错过，如果你看到"北海幼儿园"的大门，那它的西侧就是北海公园了。之所以从北门进入，就是要以此来观察什刹海与北海的关系。现在从地图上看它们是一街之隔，可到了现场务必观察一下什刹海的水是否与北海相连接，这和北京城水系的变迁有着重要的关系。

作为一般游客，进入北门通常就会右转，因为那边的景色有着更强的吸引力。但是作为大运河的探索者，进门上桥后务必先向左观察，映入眼帘的虽是一片面积很小的水域，但却是暗沟与什刹海水域相衔接的关键节点。我们在讲到"东不压桥"时，特别指出它的名字是因为明朝扩充皇城而城墙没有压到桥上所以得名。同时，也提到了在它

北海公园的白塔

该白塔为藏式喇嘛塔，建造于清顺治时期。白塔自建成以来一直是皇城北海的象征，也是中国佛塔中皇家佛塔的经典之作，同时也是藏传佛教入主中原帝都的象征，中国汉藏佛教在清代融合的开始。

△走运团嘉宾在静心斋谈笑风生

的西侧还有一座桥因为被皇城所压，所以取名为西压桥。而西压桥正是此处，它的功能就是将什刹海和北海的水域贯通起来。由此，什刹海的水向皇城区域流动便有了两个通道，一处为穿万宁桥（澄清上闸）入玉河，另一处则在此。当你站在桥上时一定能听到哗哗的流水声。当走到桥南侧的岸边时，你就会清晰地看到什刹海的水源源不断地涌入北海中，而桥洞内的闸板和闸口依旧清晰可见，水面落差在冬天也有1米左右。

大运河在京城内的水系有条不紊地运转着。什刹海的水进入北海后又分为两条路线，一条是汇入北海水域，另一条则是向东穿过先蚕坛后沿着园墙一直向南，再经景山西墙进入紫禁城的护城河，只是这一部分水道今天很难寻其踪迹。

由此可见，这个稍不留意就会错过的"小池塘"竟然是什刹海与北海、紫禁城水系连接贯通的重要节点，地理位置和意义十分重大，只是多数的游客都不知晓，只能说算是一个遗憾了。

什刹海水进入北海后水面再次归于平静。冬日，野鸭、麻鸭、鸳鸯等水鸟三五成群，在尚未结冰的水面嬉戏，夕阳西下之时，它们用

△ 北海公园白塔 　　　　　　　　　　　△ 冬季水鸟们在湖面上嬉戏

脚蹼拨出粼粼的波光，显得格外恬静而美好。到了春天，北海就完全成了另外一番模样。春天游北海首选一定是"海中"的琼华岛。早在800年前的金代，"好游者"就对北京的美景做了一次"测评"，最后选出了八处美景，这就是著名的燕京八景。而北海的"琼岛春阴"正位列其中。到了清代，同样爱搞"测评排名"的乾隆皇帝正式下旨钦定了"燕京八景"位置和名称。而明确以春景为主题的只此"琼岛春阴"一处，换句话说，在北京赏春色来琼华岛准没错！

琼华岛东侧半山处有御制碑一通，正面为乾隆手书"琼岛春阴"四个大字，背面则是乾隆帝为此做的御制诗："艮岳移来石岌峨，千秋遗迹感怀多；倚岩松翠龙鳞蔚，入牖篁新凤尾娑。乐志讵因逢胜赏，悦心端为得嘉禾。当春最是耕犁急，每较阴晴发浩歌。"乾隆皇帝在表达春日对耕种重视的同时，也感动于琼华岛春日的美景，因此触景生情赋诗以记之。

琼华岛的美总感觉是被春天有意装点过一般。你看嫩黄的迎春花、淡粉的山桃、洁白的杏花、翠绿的垂柳，再加上山间若隐若现的红墙古寺，还有那高耸的白塔，每一处都有色彩作装扮，但又没有一处是浓烈的，一切都是那么清新雅洁。由此似乎明白了，为什么吴冠中笔下的春天画图总要用无数彩色的斑点做装饰，琼华岛的春日美景不正

北海公园与北京

中国科学院院士、著名历史地理学家侯仁之先生曾经说"没有北海，也就没有现在的北京城"。

老舍先生的儿子、著名作家、文学评论家舒乙先生也曾经提到"北海就是北京，它是北京的化身；北京就是北海，北海是北京的根"。

△ 北海公园永安寺普安殿佛像

是在做这样的抽象或提炼吗？

  北海琼华岛上有一条清晰的中轴线，这里是岛上的主体建筑群——永安寺。寺内的藏传佛教造像十分精美，最高处的白塔建于 1651 年，是古老北京城的标志。每一个孩子童年都会唱的那首"让我们荡起双桨，小船儿推开波浪，海面倒映着美丽的白塔，四周环绕着绿树红墙"，唱的正是这里。寺门口还有一个网红打卡处，老北京人有一个说法：永安寺的狮子——头朝里。意思是讽刺那些自私自利，凡事只为自己着想的人。说来也怪，这一对大狮子还真的面朝永安寺大门，让人一时摸不着头脑。其实，这狮子并没有放错，它们其实是寺前永安桥的镇兽，只是这桥头距离寺院大门实在太近，以至于把狮子的"产权"给划错了。

开放时间： 旺季（4月1日—10月31日）6:00—21:00，20:30 停止入园；淡季（11月1日—次年3月31日）6:30—20:00，19:30 停止入园。
票务信息： 旺季（4月1日—10月31日）门票 10 元，联票 20 元。淡季（11月1日—次年3月31日）门票 5 元，联票 15 元。
交　　通： 地铁 6 号线北海北站下 B 东北口出。

大运河"漂"来的北京城

段：金朝建立金中都，后来元朝又在这建大都，包括明清，北京这个地方要建这么大一个城市，就遇到一个问题，北京周围的资源没有那么丰富，无论是石头，还是木料，或是其他材料，其实都很难在周围寻找到。

蒲：但北京古时候周围还是有很多山，也有不少好的石材。

段：是有的，但是大多数的建筑是需要特定的某种石材来建造，像北海公园静心斋中的这些假山，就需要特殊的石头，而这种石头一般都是在太湖一带才有。因为建筑它需要的石料其实多种多样，并不是在四周的山里就都能找到的。像园林中的这种太湖石，那就必须得从江南运过来。所以不是有句话叫大运河"漂"来的北京城，大量的东西都要从南边运过来，都是走大运河运过来。

△北海公园静心斋青石板五折曲桥

△ 冬季的北海公园静心斋

马： 从经济学的角度来看，通过大运河将南方的石材运往北京，其实活跃了整个经济，你运过来要有劳力，要去买材料，要有人来监工，整个经济会活起来、热起来。所以除了为皇家服务，供皇族享受、作乐外，其实经济效应能够扩散出去，也有它的功能。

段： 其实我们现在所知的唐朝建筑，它的屋檐非常大，体量也很大。但是后来中国的木构建筑，特别是这种礼制性木构建筑它的体量在变小。故宫的太和殿，虽然现在是我国现存最大的木结构大殿，但将其与历史上的其他宫殿做比较，它离最大建筑还很遥远。究其原因便是木头枯竭，到明清时期已经找不到那么大的树木了。原来汉唐的时候，大家盖宫殿还可以在周围，在关中平原周围的山区寻找，而从唐代中后期开始就已经很难找到大木头了，但这个变化就引起一个事情，那就是大运河。如果在周围就能找到木头盖宫殿，其实就不会通过运河来运输木材，也不需要开通运河。正因为周围已经找不到了，所以皇帝才要从很远的地方，尤其是很远的南方，甚至是国外运来木头，故而大运河也发挥了这样一种作用。

南北方园林的差异

蒲： 中国园林素有"北雄南秀"之说。江南文人常常将郁郁不得志的情怀寄托于亭台水榭，那北方的园林则在表达什么样的精神气象或有着什么样的寓意呢？

段： 其实原本来说这些皇家园林可能有两种出发点，一种当然休闲游玩的地方，一种是打猎的地方。打猎当然也是一种娱乐了，但是它也可以视作一种保持尚武传统的表现。

马： 我认为这些园林也是一种权力的符号。经济学中有一个定律，即你的财富会滋养你的欲望。所以比如说当你赚了1000元，你的欲望就会提高到2000元。等价到这里，就会是你今年盖了一个园林，明年又想再要一个更大的，假山石头更多的，欲望就会不断往高处走。

马： 我记得西方有个历史学家说，人类很不幸的是，很多所谓的古文明遗址都是权力和财富高度集中的时代才能够完成的。在这些时代，建造这些令世人称赞的文明遗址，其背后一定花费了巨大的人力、物力、财力，可是没有资源权力的集中，就没有办法创造出伟大的人类文明。历史就是这样往前走的，我们喜不喜欢是一回事，但历史经验告诉我们这是事实。

段： 没错，人类文明的历史同时也是人类不文明的历史，悲喜交集。

运河小锦囊

为什么在南北方园林中水池的形状有很大差异？

北方园林中的水池一般都是正方形、长方形等规整的几何形状，而南方园林中的水池则多为不规则的形状。这是因为北方园林以皇家园林居多，所谓"无规矩不成方圆"，所以为了更加地规整，更好地体现皇族的威严，北方园林中的水池也就多设为方形的了。

中国古代皇家园林为何都是三海三岛？

北京有北海、中海、南海，还有琼华岛，还有团城岛，还有光绪皇帝被关起来的瀛台。中国的这种城市园林经常做成一个湖，或者一系列的水面里有三个岛屿。因为在古代传说中，蓬莱仙山就是三座仙山，所以世人都仿照其建制。如果比三座岛要多，那么可以填成五座岛。因为据说蓬莱三仙山，原来是五座山，每座仙山下面有大乌龟驮着。有一个巨人把两只乌龟调走了，所以两座仙山就飘走了，就剩了三座，所以也有五座岛存在的情况。

> 专题

北海公园的
九龙壁

全中国现存下来的九龙壁只有三块,而北海公园的九龙壁是唯一的一块双面壁,足见其特别之处。北海公园的九龙壁建造于清乾隆二十一年(1756 年),面积虽然不大,面宽 26 米,高大概 6 米,但是它正反都有九条龙,共 18 条。此外在其正脊、叉脊上全部有小龙,一共有 635 条龙。

九龙壁作为一块照壁,在工艺上已经达到了登峰造极的地步,它是由假山、祥云、流水,包括太阳和月亮所组成,中间这三条龙,正中那条坐龙,就是面朝观者的这条,代表了正龙,旁边分别是升龙和降龙。从八旗角度来说,九龙壁十分符合八旗中各旗所代表的颜色。

除此之外,九龙壁选择的琉璃瓦也十分考究,它采用了 484 块彩色琉璃瓦,先烧制成形,然后像拼图一样,一块一块拼成的。据说当时的琉璃工艺十分精湛,每一块瓦有不同的颜色,对应不同的烧制温度,要烧制出 6 块相同的来,选最好的一块制作为九龙壁。

九龙壁其实是作为照壁使用的,那么它是谁的照壁?后面是个什么样的建筑呢?答案就是古人购房置地的时候,喜欢在门前空出一大块空地来打一块影壁墙,但是一般人所设的影壁墙都很小,大的便属于照壁了,而照壁中最大就属九龙壁。九龙壁的作用就是作为身后的这座大圆镜智宝殿前面的屏障,这座宝殿当时在 1900 年八国联军入侵的时候被烧毁,但因为九龙壁是耐高温的材料,所以在大火中保存了下来。

九龙壁上的颜色都很特别,尤其是蓝色的颜料。你是否会有这样的疑问：这些稀有的颜色是什么物质上的？它们又是如何制作成颜料的呢？其实这些颜料大部分都是矿物质，就是从山上采集的石头，比如说红色就是朱砂，蓝色可能是深海中采集的贝类，将其研磨后，再经高温煅烧，留下来的颜料形成一小瓶，然后在烧制成形的瓦片上面上釉，再经很多步骤，最后才形成了专供皇家使用的琉璃瓦。

此外，北海公园的九龙壁还存在一个小细节，就是龙爪！该九龙的龙爪是五个，若去山西大同看那块九龙壁，它就是四爪龙。这是因为那块九龙壁所属院落为王爷，所以不能用五爪龙，而故宫，包括北海的九龙壁，是五爪龙，是皇帝独一无二、至高无上权威的标识。

△北海公园九龙壁

其他线路

线路 感受什刹海边的山·水·人·情线

宋庆龄同志故居（醇亲王府）—— 望海楼 —— 鼓楼西大街 —— 钟鼓楼 —— 地安门外大街 —— 银锭桥 —— 京杭运河积水潭港碑 —— 火德真君庙 —— 恭王府 —— 郭沫若纪念馆

这里有一只永远美丽的"和平鸽"
宋庆龄同志故居（醇亲王府）

为什么老北京人爱喝茉莉花茶？

古代没有良好的密封条件，炒制好的茶叶运送到北京后，出现香味散尽甚至是霉变的现象。所以只好另辟蹊径，选用茉莉花给它重新加工、窨制，去除茶叶里边的霉味，又增加了茉莉花的香气，老北京人将茉莉花称为"茶叶花"，茉莉花茶则被称为"香片"。

什刹海畔分布着大量的名人故居，尽管它们并没有与大运河有着直接的关系，但元代运河码头的功能促进了周边环水而居住的城市特点。因此，到明清时期这里的水岸四周逐渐形成了更为繁华的城市生活聚落。

宋庆龄先生居住的这座滨水小院其历史可以追溯到康熙年间，这里被建造为明珠府第，从乾隆到嘉庆几易其主。光绪十四年（1888年），这里成为醇亲王载沣的王府花园，由此便有了醇亲王府的称谓。

1963年，小院迎来了新主人，这就是宋庆龄先生。今天，当我们从东大门走进时，仍能感受到当年作为王府花园的清幽与宁静。院落中的主要建筑都围绕着南湖分布。沿长廊西行，南楼、老花房以及听雨屋等由小径相连接。转过岁岁平安石，前面便是二层的主楼。

△宋庆龄同志故居

125

△ 宋庆龄故居畅襟斋 △ 曾为醇亲王府花园的优雅宁静

主楼是宋庆龄先生寓居在这里时工作、休息的地方。一层有会客厅和餐厅。会客厅面积不大，但陈设和装修都透着 20 世纪 70—80 年代朴实无华的气质。客厅内的一个小小说明牌提示我们角落里的那张沙发便是宋先生常坐的位置，她在这里会见很多党和国家领导人以及国内外的友好人士。沙发后面有一盆绢花花篮，"绽放"的小花让朴素的屋子充满丝丝的暖意。这是邓颖超赠给她的礼物，宋先生一直十分喜欢并把它陈放在客厅内。

二楼是先生的卧室、书房和厨房。卧室与书房是合在一起的，宋先生每天都会在此工作很长时间，她常用流利的英语书写文章和信件，墙壁处的书架上摆满了大量的外文书籍。

中华人民共和国成立后，宋庆龄多次深入工厂、农村、学校，关心人民的生活和国家经济的发展，同时还参与大量的国务活动，为促进祖国统一和世界和平而呼喊，很多思考和文章著作都是在这里完成并发表的。二楼的厨房则充满生活的气息，据说摆在桌案上的厨房用具都是宋先生当年使用过的，她常亲自下厨，为朋友们"小露一手"。

院子最北面是一个两层的鸽舍，这里饲养了近百只鸽子。当年，宋先生十分喜爱鸽子，所以在她上海和北京的寓所内都有鸽笼。先生喜爱鸽子，因为她爱和平，这些鸽子既是她心灵的寄托，更是她对世界永远和平的深深期待。

望海楼

望海到太虚

西城　望海楼

后海酒吧一条街是如何形成的？

后海酒吧一条街的形成可以追溯到二三十年前，当时这里只是北京城内一个宁静的角落，周边百姓常在此漫步，享受清静时光。然而，大批酒吧看中了这片清幽之地，纷纷租下民房开设酒吧，使得后海一夜之间变得热闹非凡。

从银锭桥沿着什刹海北岸的"酒吧街"一直向西行，夏天是一路柳荫垂岸，到了冬天关注的重点则是北京的大爷了！这里的群众冬泳活动十分活跃，常常可以见到"赤膊上阵"的大爷大妈在一大群穿着羽绒服的年轻人堆里"扑通"一下跳入湖中，游泳的人还没觉得冷，而看的人会伴着尖叫声直接冷到骨头缝里。

沿着什刹海北岸大约行走 800 米，一组小型的皇家园林矗立岸边，这里就是重要的观景点——望海楼建筑群。这里三面环水，若由东门进入首先可以抵达三层的主建筑——望海楼，其次是芙蓉榭、问禅桥，再向西则是两宜轩等建筑景观。今天的望海楼是 1994 年重建而成的，看起来比较新，但它的历史却可以追溯到元代。

望海楼通高 15 米，是什刹海重要的制高点之一。古往今来的文人墨客都以"登斯楼也"为"打卡"什刹海的一大乐事。此外，在望海楼上也自然少不了吟诗作赋的"雅事儿"，而究其原因还是因为这里"高"。

当然，除了高度，还有其他地方所不具备的角度。望海楼常给人十分丰富的"五感"体验，即使在今天也是如此，而且相比古代，所看所感的可能会更为丰富。

综合一下，<u>登望海楼可赏"三美"</u>，你可以由此寻找体验一番。

第一，"<u>山 + 湖</u>"之美。前面提到的"银锭观山"自然是一个极佳的视角，但登楼观山可以看得更远、更长。登至第三层，放眼望去，远处的大西山展示了无尽的辽阔与苍茫，随着视线的收回，在你的视野前方还有湖，还有"什刹海"，它一下子就把城市与郊外连接在了一起，使人"真真地"感知到北京是有山的，而且这山真的很壮、很雄。有了大山，就有了臂弯，也就有了可依的屏障。

△ 冬季在望海楼前滑冰的游客们

第二,"城 + 湖"之美。一座城市里要是有一湾水,这个城市一下子就会灵动起来。什刹海以及南面的北海、中海、南海正是这座城市 800 年来的眼睛。登楼的"骚客们"自然看得更是真切,"海"是蓝色的,百姓的居所是灰色的,远处的紫禁城则是金光熠熠。这样的"撞色"设计恐怕今天前卫的设计师也不太敢这样做。

第三,"运河 + 湖"之美。有了山和城,千万不要忘了这里在 800 年前可是无比繁忙的千里大运河终点码头,所以,登楼者眼前的画面要动起来,进进出出的运河船只,熙熙攘攘的商贾百姓,再加上船工的喊声、岸边的吆喝声,俨然一幅生动的"运河都会图"。"湖"因为运河的交通作用而动了起来,运河则因为"湖"的终点码头功能而开始变得安静,然而究竟是"动"还是"静"恐怕唯有那"骚客"的诗句方能说得清楚吧……

于是乎,我们便可在望海楼寻得这样的楹联:"望海到太虚,一片烟云摩诘书;观山得欢喜,四时景致太白诗。"景区入口处的《望海楼记》则是今人对登楼的感慨,字里行间大有要与古人登岳阳楼、滕王阁较量一番的意思。

过望海楼向西便可见到一个临水而建的小榭，名为芙蓉榭，前面的"水塘"则叫芙蓉镜。芙蓉榭两侧皆有长廊相连，好似两臂一样怀抱着前面的水池，十分开阔、舒朗。如果夏日来到这里，水面则满是"出淤泥而不染"的荷花，古人常用芙蓉指代荷花，也把芙蓉和荷花都比作美好的事物，于是，此处便有了"芙蓉榭"的名称。《燕京岁时记》中就有荷花以什刹海最盛，而赏荷之处非这"芙蓉镜"莫属的记载。也许，登楼的文人雅士总能诗兴大发也与这赏荷佳地有着些许的联系吧。

再向西则是两宜轩，名称的含义可以通过大门两侧的楹联知晓。上联云：春望晴光秋望雨。下联为：荷宜月色柳宜烟。小轩面向宽阔的湖面，视野极佳，与芙蓉榭前环拥的景致形成很大的反差。近些年来，这里接待了很多重要的宾客。

西城 望海楼

△芙蓉镜湖与朝霞

鼓楼边上的"温柔富贵乡"
鼓楼西大街

出了鼓楼还能去哪里找寻大运河的遗迹呢？答案是：就在旁边。这是一条街，一条深受大运河影响的老街！

鼓楼西大街就是<u>取鼓楼之西而得名</u>。这条1.7千米长的街道可有近800年的历史。当年大都"规划师"刘秉忠在规划积水潭作为大运河终点码头时，就依其水岸的走向设置此街，因其西北—东南的走向，所以，这条大街便命名为斜街。如此一来，北上大都的船只便可在此驳船靠岸，同时交易商品物资，临时安顿休整。不得不说，这样的设计直接催生了岸上商品经济的发展。很快，鼓楼、斜街和附近的凤池坊就成为大都城内最为繁华的地方。从生活物资到珠宝皮货、从酒馆宴饮之所到文房书肆之雅处，<u>一切都可以在此寻到</u>。可见，大运河及港口对城市街巷以及商贸起到了多大的影响作用。

△冬季的鼓楼西大街街道

明代以后，由于积水潭运河码头功能逐渐消失，曾经如"海"般的水面逐渐收缩，斜街也不再是临水的大街，这也是如今鼓楼西大街与什刹海岸边相隔将近200米的原因。即使如此，明清以后这里依旧繁华如初，越来越多的文人雅士在此建宅造园，一座座佛寺道观拔地而起，再加上什刹海旖旎的水韵风光，斜街大有江南一般"温柔富贵乡"的魅力。

今天，鼓楼西大街依旧保持着800年前元代斜街的走向和宽度，保持着运河影响下的历史空间和街巷肌理，老北京城市风貌和运河痕迹也依然在这里不曾褪去……

"北京时间"原来报了800年

钟鼓楼

西城 钟鼓楼

中轴线主题邮局

位于北京市东城区豆腐池胡同21号和23号,紧邻钟鼓楼。该邮局是首家以中轴线为主题的文旅服务主题邮局,集综合邮政服务、文创消费、文化交流、展览展示体验于一体,是一个"漫步中轴"主题邮政文创综合服务体。

到了地安门外大街一眼便可瞥见最北处的鼓楼,它形似城楼一般雄踞中轴线的北端。其后200米处是为钟楼。正如乾隆御制碑中所记:"二楼相望,为紫禁后护。"

当然,除了拱卫紫禁城外,它们还有自己的"本职工作",那便是报时。暮鼓晨钟的做法实则为元代大都城的创举。其后,很多城市都相仿此法。钟鼓楼也成为元、明、清三朝北京城市的报时中心。从乾隆年开始,报时分别在每天的早上五点和晚上八点。当然,这里并非夜晚击鼓(暮鼓),早上撞钟(晨钟),而是钟鼓同奏。具体做法是这样的,首先击鼓54声,并以"紧十八、慢十八、不紧不慢又十八"的顺序敲击。然后再撞钟,同样也是54声,撞击的方法与击鼓相同。

▽钟楼

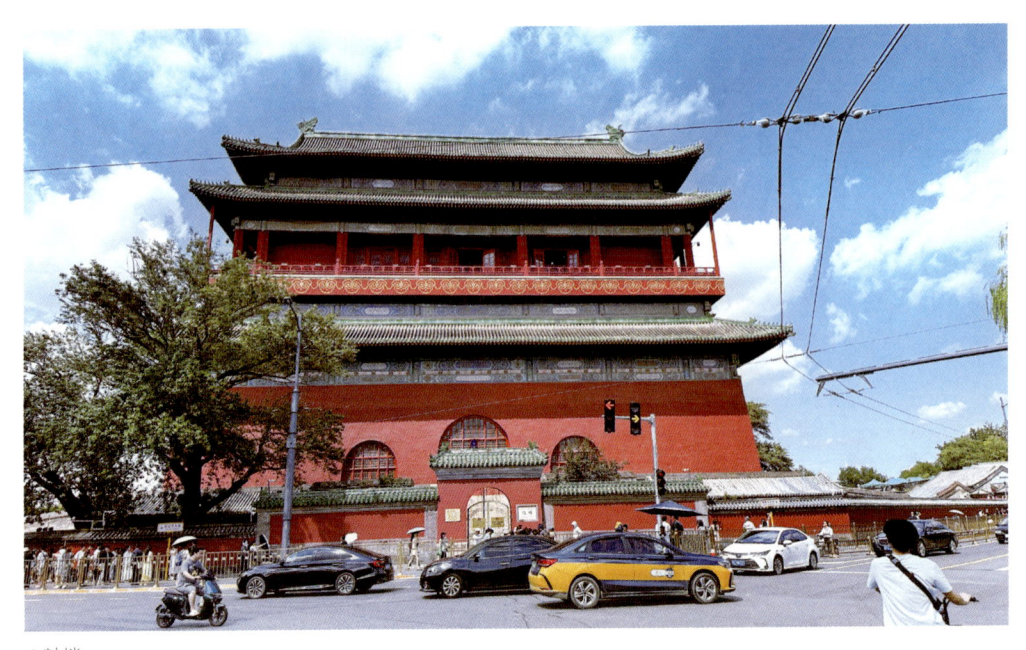

△ 鼓楼

这样钟鼓声共计 108。而此处的 108，则是 12 个月、24 个节气和 72 候的合计数，如此用以象征时间上的一年。

　　当然，钟鼓楼的报时还有着更深的社会意义和实践意义。当夜晚报时结束后，城市的管理者开始行动起来，负责看城门的将大门锁闭牢靠，负责守卫的则开始上街巡逻，以达到"净街"的目的，非生病待产者统统都要居守家中。就凭这报时的声音，城市运行与生产作业就在不知不觉中被管理起来了，真是高效的管理方法。难怪乾隆在碑记中说："声与政通，硕大庞洪。"意思是说钟鼓声与国家社会的治理是相通的，真是宏大而了不起的事！如此说来，"声与政通"真是古人了不起的社会治理大智慧呢。

　　如今，鼓楼的二层可顺着一道很陡的台阶攀登而上，上面展示了复原的更鼓，在整点时间还有击鼓表演。鼓楼一层是围绕古代计时所策划的专题展览，其中详细展现了与钟鼓楼相关的报时文化和珍贵文物。此外，钟楼也已经开放，如果感兴趣也可登楼参观。

这里的 City walk，我看行！

地安门外大街

西城 地安门外大街

在北京，有很多叫某某门内、某某门外的大街名称，其取名的原则就是依据这条大街是在城门里还是城门外而命名。比如这地安门外大街就是因为处于皇城的北门——地安门外侧，因此就有了这个名字。

这条大街全长只有 800 余米，但它一直位居北京传统商业中心的前列。而且，从元代大都城规划时就按照《周礼·考工记》前朝后市的原则在此布局了商贸集市，由此，与钟鼓楼一起形成了北京中轴线北端的高潮部分，并再现了丰富多彩的传统城市风貌。

畅游地安门外大街最好的方式就是 City walk，也就是以城市漫步

△ 地安门外大街一角

133

△ 地安门外大街新华书店

的方式体验和探索城市的特色与文化。沿街行走，在中部有万宁桥和火神庙可览可观。行至北部则有烟袋斜街和帽儿胡同可购可赏。要是体验美食，这条大街也会给你超出想象的选择。品尝北京小吃有门框卤煮、黑窑厂糖油饼和护国寺小吃店；想吃正餐则有老北京的东来顺涮羊肉可选，除此以外，擅长川菜的峨眉酒家、擅长湘菜的马凯餐厅，甚至以西北风味见长的西安饭庄都可以"妥妥地"安排上，这些老字号里的"当家菜"自然不能轻易错过！

如果你需要精神大餐为自己充充电，大街东侧的新华书店千万不能错过。书店的外立面采用民国建筑风格，不但与整个街区相协调，更再现了晚清和民国时期地安门外大街铺面房的传统样貌。书店内则主要销售与北京文化、大运河文化、中轴文化等相关的书籍和文创，同样值得关注的还有北京各个历史时期的地图，它可以让你<u>整体了解老北京城的变迁过程</u>。捧上一杯香浓的咖啡，找个位置坐下，然后左手持地图，按图索骥；右手捧一卷史书，史海钩沉；最后带着"学习成果"到实地探查一番，这样的 City walk 之旅岂不是更有趣！

"银锭"真的可以"观山"

银锭桥

西城 银锭桥

银锭观山的最佳观赏时间

银锭观山的最佳观赏时间是天气晴好的早晨，尤其是早上 8:00 左右。

如果来什刹海，似乎怎么也躲不过银锭桥。从万宁桥去后海酒吧街会路过银锭桥，从烟袋斜街一出来就能看到银锭桥，想从什刹海的前海到后海也会途经银锭桥，而将什刹海北岸与南岸相连接的还是这银锭桥。没错，这正是因为银锭桥占据着极为重要的地理位置，特别是在什刹海东部地区，那些热闹地儿似乎都围着银锭桥徐徐展开。因此，从古至今这里从来不缺客流量，而且不分早晚，白天可以泛舟"海"上，到了晚上则可以挑一间酒吧体验一下小资情调。

银锭桥建于明代，但准确的时间已经无从探寻了。现在的桥体是在

△银锭桥春色

135

△ 冬季的银锭桥风光

1990年改建而成的。银锭桥长8.3米，桥面宽7.9米，高则有4.35米。站在桥下的岸边你会看到它好似一块倒置的大银锭，因此，也就有了银锭桥的名字。

桥上的石栏板和石栏杆都是汉白玉材质的，翠屏卷花的望柱显得格外雅致。桥身正面镌刻的是著名历史学家，原故宫博物院副院长单士元老先生题写的桥名。桥东侧有一通桥碑，上面题写"银锭观山"四个遒劲的大字，很多游客格外钟情于在此拍照留念，究其原因，恐怕还是希望能在此"观一番"西山方才心满意足。

"观山"就是指有燕京小八景之称的"银锭观山"。在明清时期，人们来此购物游览必会登此桥而西望群山。这群山在北京称为西山，它是太行山的一段，北京境内部分主要位于房山、门头沟、延庆一线，巍巍太行以雄壮而著称，巨大的山体拔地而起，峰峰相连，宛若巨型屏障，有雄浑壮美之感。登上这银锭桥远远观之，更以尺幅万里的视野生豪迈胸襟之感。有很多学者认为，之所以银锭观山能成为一景主要是因为当时北京城内其他的区域都看不到西山。其实不然，即使在布满高楼大厦

△ 站在银锭桥上望西山

的今天，只要身处东西向较为通畅的街道旁，都是有可能见到西山的，何况在以平房式民居为主的老北京旧城，这并不是一件难事。

那么人们之所以乐此不疲在银锭桥上赏西山，究其原因还是因为什刹海的作用。第一，从银锭桥这一点向西，什刹海的水域呈喇叭状逐渐增大，这给人格外开阔之感。第二，在此处赏景，眼前的美景被分为三层。远景是巍峨的群山，中景是葱绿的树冠，近景便是什刹海开阔的湖面。由湖及山，一动一静，一柔一刚，这样的景观效果可就不是在京城内能够轻易寻得到的了。如此说来，银锭观山的确名不虚传。

然而，当你查阅很多网络媒体时会发现，人们都在"吐槽"说今天已经看不到"银锭观山"了，因为城市的楼群挡住了人们的视野。不过，当你看到本书之时可以径直前往。2021年为了恢复"银锭观山"景观，一座52米高，地上、地下12层的高楼被拆除，这样，连绵的西山山脊线便不再有遮挡，视觉廊道的打通也恢复了北京城的历史文化记忆。

如今，在"银锭"真的可以"观山"！

137

由"潭"到"港"的转化
京杭运河积水潭港碑

  出火神庙向西不远就可以看见一座巨大的泰山石碑刻，上有鎏金大字：京杭运河积水潭港。碑身通高近 3 米，面向什刹海，在绿植与长廊的映衬下显得格外醒目。石碑旁立有《京杭运河积水潭港碑记》，上面介绍了由"潭"到"港"的过程。

  如果想看懂这碑和碑上的碑记，有几个"知识点"格外重要，这也是深入、准确认识大运河的关键。第一，碑记中特别提到了积水潭在元代位于大都城的中心位置，是重要的城内湖泊。第二，正因为通惠河的建成才使得积水潭作为运河大港成为可能，积水潭也在那一刻和大运河连通起来。第三，积水潭作为京杭大运河的北端港口，直接带动了周边城市经济、文化与娱乐的发展，促进了元大都城市功能的成熟与完善。碑记中记载，由于港口的通航，烟袋斜街商贾云集，钟鼓楼的集市更加繁华、酒楼茶肆歌舞升平，游船画舫中更有文人士子吟诗作画，如此的"大都繁华图"展示了港口对于城市发展的作用与影响。

  石碑的文字暂且看到这里，我们也借着这短暂的阅读时间歇息歇息，接下来，我们将沿着什刹海的岸边前行，一起去探寻更多大运河的古老印记。

地址： 北京市西城区前海东沿 66 号。
交通： 地铁 8 号线什刹海站下 A 西北口出，后步行 300 米左右。

火神庙里有水神
火德真君庙

西城 火德真君庙

△敕建火德真君庙　　　　　　　　　　△荧惑宝殿（火祖庙）

火神庙求签许愿攻略

火神庙内的许多殿都提供求签服务，其中财神殿———求财运；真武殿———求事业；慈航殿———求安康；狐仙殿———求人际人缘；月老殿———求姻缘。进殿跪拜后即可向工作人员求签，抽完签后还可根据签上的编号求解。

万宁桥北侧就是著名的火神庙。威严的山门上有"敕建火德真君庙"几个大字，这里的"敕建"意味着火神庙是皇家下令所建，因此有了不凡的身份。

在民间，它常被称为"地安门火神庙"或是"什刹海火神庙"，而这一座也被认为是北京现存最早、规模最大、等级最高的祭祀火神的道观。

地安门火神庙的始建年代有唐代、元代和明代等不同说法，且建筑规模十分庞大。现今火神庙仍有三进院落，供奉的主神便是火神——火德荧惑星君。这位星君就是那大名鼎鼎的祝融。然而，在万宁桥边，大运河的终点码头，这个满眼是水的地方为什么要建火神庙呢？这还真是一个有趣的好问题！

进了山门第一座大殿是"荧惑宝殿"，里面供奉的就是火神祝融，殿东侧有"丹天圣境"牌坊，这一组建筑都是红墙绿琉璃瓦，尽显皇家道观的气派。在几千年的历史演进中，祝融以各种名称和形象出现，有

139

时被认为是炎帝的化身，有时则被称为燧人，教会人类钻木取火的本领；因为祝融生活在南方，因此他也被称为南方神。但不管怎样，祝融有一个公认的职能或是本领就是掌管人间的火种。自古以来，人们既需要火也畏惧火，于是火神在古代社会中具有极高的地位，无论是皇家还是百姓布衣都十分尊崇他。有学者考证，这里之所以供奉火神就是因为什刹海周边分布有火药局、内官监、纸房等极易发生火灾的行政机构。因此，希冀火神——祝融能护佑其平安无事。

另一个在什刹海边建火神庙的原因是与"火神成水神"的说法有关。《山海经·海内经》里记载祝融受到天帝的派遣除掉鲧的事件。因为鲧治水不力，还偷天帝的息壤，所以受到如此惩罚。由此，人们认为祝融应该是一位比鲧更能掌水、管水、治水的天神。于是乎，祝融开始"身兼二职"，同时负责人间的水火二事。渐渐地，凡是在水中行船泛舟的往来水工、商人也开始祭拜火神——祝融，以保佑其水不扬波，一帆风顺。这一说法起初在南方十分流行，今天广州的南海神庙供奉的就是火神——祝融，他早已成为南海之神。大运河承载着南来北往的商旅，无论是乘舟抵达还是扬帆出行，他们都会来到什刹海边的火神庙礼敬一番，以此祈求千里平安。从那一刻起，火神、水神在这什刹海畔合二为一，"消防"和"水上安全生产"两个"部门"的工作都由他一起抓，这样的"毫无违和感"想必也有大运河的几分功劳吧。

在"火神殿"的西侧以及后一进院落中还供奉有财神、观音大士、真武大帝、王灵官等诸神，东厢的月老殿内有"月下老人"正持着姻缘簿注视着每一对善男信女，随时准备将那"赤绳"系在有缘人的双脚之上呢。

"一座恭王府，半部清代史"
恭王府

西城 恭王府

恭王府博物馆的镇馆之宝

恭王府博物馆的镇馆之宝便是福字碑，这块福字碑被誉为"天下第一福"，是王府三绝一宝中的第三绝。福字碑位于花园中路滴翠岩下的秘云洞正中，是康熙皇帝的御笔，刻有"康熙御笔之宝"的印章。

从郭沫若故居向北一直沿前海西街行走，大约 400 米就可到恭王府。如果担心找不到，只要看到一队一队的旅游团，跟着他们基本就不会走错。恭王府确实有一种魅力，因为这里有太多的故事可讲、太多的园林可赏、太多的"宝贝"可看。

作为清代保存最完整的亲王府邸和王府园林这属实不易。恭王府大约建于 1776 年，当时是乾隆宠臣和珅的私宅，后来则分别做了庆亲王（永璘）和恭亲王（奕䜣）的府邸。

虽然没有紫禁城的磅礴气势，但是一进大门，规整的中轴对称布局还是给人以"不同凡响"之感。恭王府前部的府邸分东、中、西三路排列，并遵循严格的中轴对称布局。中路的主建筑银安殿是亲王举行重大仪式和典礼地方，其功能与紫禁城的太和殿相类似，如今这里展示的是有关王府文化的展览，在此参观一番对后面深入了解恭王府会有很大的帮助。

东路的看点在多福轩，这里是恭亲王奕䜣会客的地方。如今大殿内装饰陈设典雅，给人以端庄宁静之感，只是不知道在当年那些风云际会

△恭王府牌匾　　　　　　　　　　△恭王府西洋门

的日子里，奕䜣是怎样与那些朝臣、各国使节针锋相对的。殿前的一架藤萝算是小院的一宝，200多岁的它依旧在每个春天盛开串串紫藤。

西路的锡晋斋团队游客络绎不绝，这里算是恭王府的宝藏之地了。和珅和乾隆帝之间有着十分复杂而微妙的关系。他们是君臣，也是主仆，还是"同事"，也算是朋友，的确又是亲家。也许和珅本人最看重的还是这最后一个涉及"亲家"的关系吧，结果什么事似乎都要和皇帝看齐方才满意。于是，在自家的宅子里仿照紫禁城的宁寿宫（乾隆为自己"退休"后所建的宫殿）建了这锡晋斋。里面的二层仙楼全部用楠木装修，异常精美。如此"高大上"的配置早已超出了和珅的身份。最后，这里也成为嘉庆帝为其定下的"二十条大罪"之一。

恭王府的花园也算是"教科书"级别的了，很多有关中国古典园林的教材都会放上此园的线描图。王府花园名曰朗润园或萃锦园，同样分为东、中、西三路。

进了花园区域，你很快就会被排队的人群吸引，S形的队伍把人们引向一座巨大假山的山洞内。很多人来恭王府可能就是要进此洞来"一试身手"！假山洞内就是那著名的"福"字碑。这个气度非凡的"福"字不但是由康熙帝所写，更准确的说法应该是由这位帝王所"创"。你看"福"字的右上角好像被写成了"多"字，下面则是"田"字，上下合在一起又与"寿"字有几分相似。左边的偏旁部分，上像"子"，下像"田"。把所有的字合起来不正是"多子多才多田多寿"吗？如此多的财富汇聚在一起不正是中国传统社会对"福"字的注解吗？不得不说，这个"福"字的写法的确是康熙帝的巧思妙想与艺术创造，难怪号称天下第一福。

除此以外，恭王府园林内的大戏楼也十分值得一看。如果你是"红迷"的话，牡丹园内东五间为"周汝昌纪念馆"，这里展示了红学大师——周汝昌先生的学术生涯和重要成就。周先生一直主张恭王府就是曹雪芹笔下荣国府大观园的创作原型，并详加考证，还为恭王府的保护和对外开放做出了巨大的努力。作为"红迷"的你，请记得来恭王府前务必带一份"大观园"的地图，并在这园内按图索骥对照"探勘"，那将是另一番游览的乐趣……

老北京城里的"洞天福地"
郭沫若纪念馆

西城 郭沫若纪念馆

△ 郭沫若纪念馆

  从什刹海向西进入前海西街后不久就可以看见郭沫若纪念馆。这里曾经是一位中医世家的老宅。中华人民共和国成立后，宋庆龄曾居住在此直到 1963 年搬到什刹海北侧的醇亲王府院内。随后郭沫若先生便从西四搬到了这里。

  小院为<u>两进院落</u>的四合院建筑群。尽管面积不是很大，但古树参天、植被丰茂，身处闹市中却显得格外宁静。

  <u>第一进院落</u>的东西厢房<u>作为展厅</u>叙述了郭沫若先生极为丰富的人生经历和学术成就。正房则是按原状陈列的客厅、办公室以及卧室。客厅内中央位置摆放了三组沙发，和宋庆龄先生一样，郭先生在会见宾客时也喜欢坐在角上的一张单人沙发处。墙壁上，傅抱石所画的《游九龙渊诗意》水墨画气势恢宏，似乎要与郭沫若先生那一首首奔流而浪漫的诗作"遥相呼应"。东面的书房摆放着朴实无华的书桌与书柜。然而，在这看似简单的书房里却诞生了一部部不朽的著作和思想篇章。

  <u>第二进院落</u>的正厅是郭沫若夫人<u>于立群的写字间</u>，他们常在这里一起写字。墙上的书法作品都是他们的佳作。

  郭沫若先生被称为是一位"百科全书"式的大学者和艺术家，他在文学、书法、考古、历史、戏剧、翻译等多个领域都有着开创性的巨大成就，是现代中国的文化巨匠。

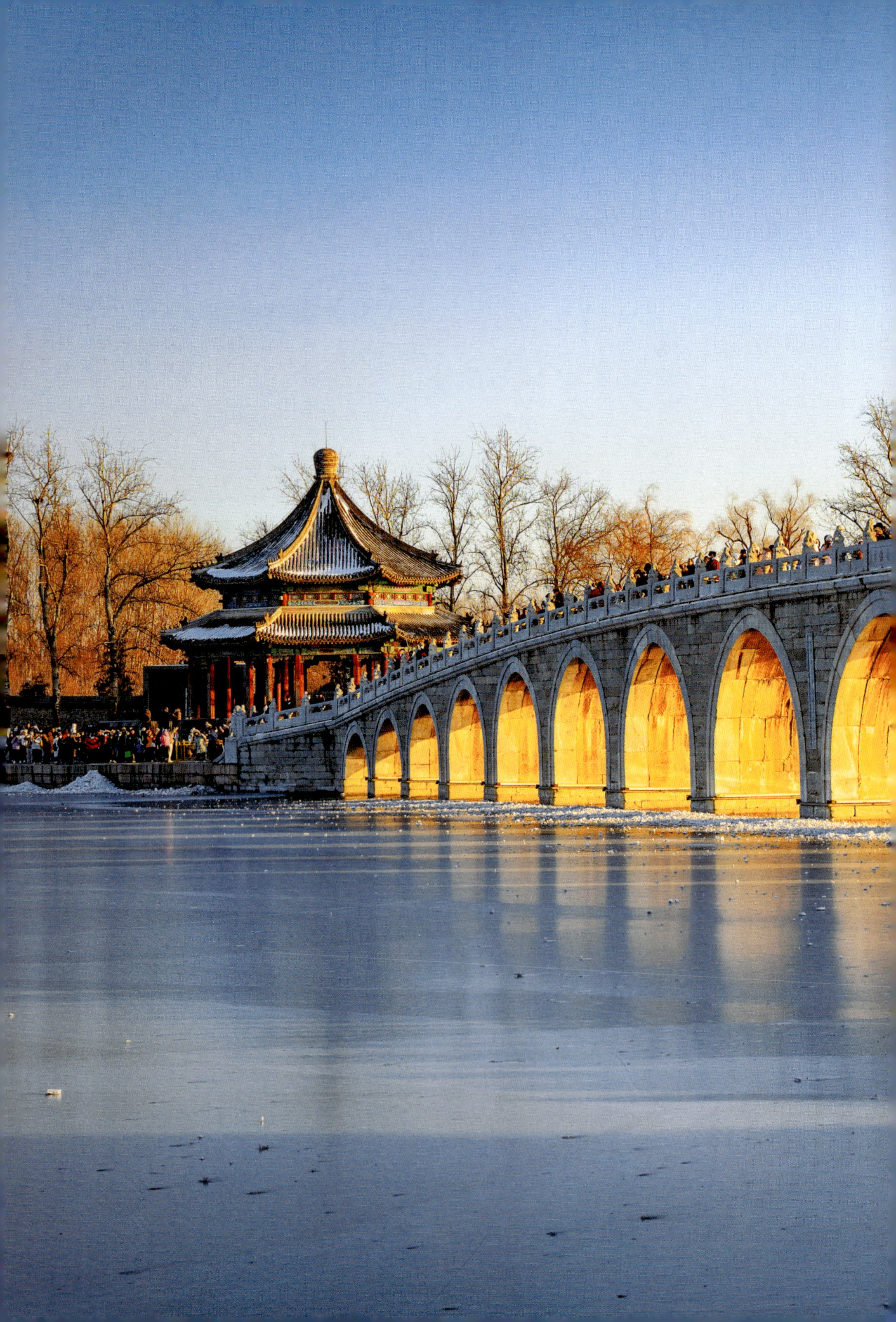

海淀

线路 皇家园林乘船游线

皇家御河码头—五塔寺（北京石刻艺术博物馆）—国家图书馆—紫竹院行宫—广源闸—万寿寺—南长河公园—广仁宫—颐和园—昆明湖绣漪桥—青龙桥（京西稻）

线路 皇家园林乘船游线

皇家御河码头 —— 五塔寺（北京石刻艺术博物馆）—— 国家图书馆 —— 紫竹院行宫 —— 广源闸 —— 万寿寺 —— 南长河公园 —— 广仁宫 —— 颐和园 —— 昆明湖绣漪桥 —— 青龙桥（京西稻）

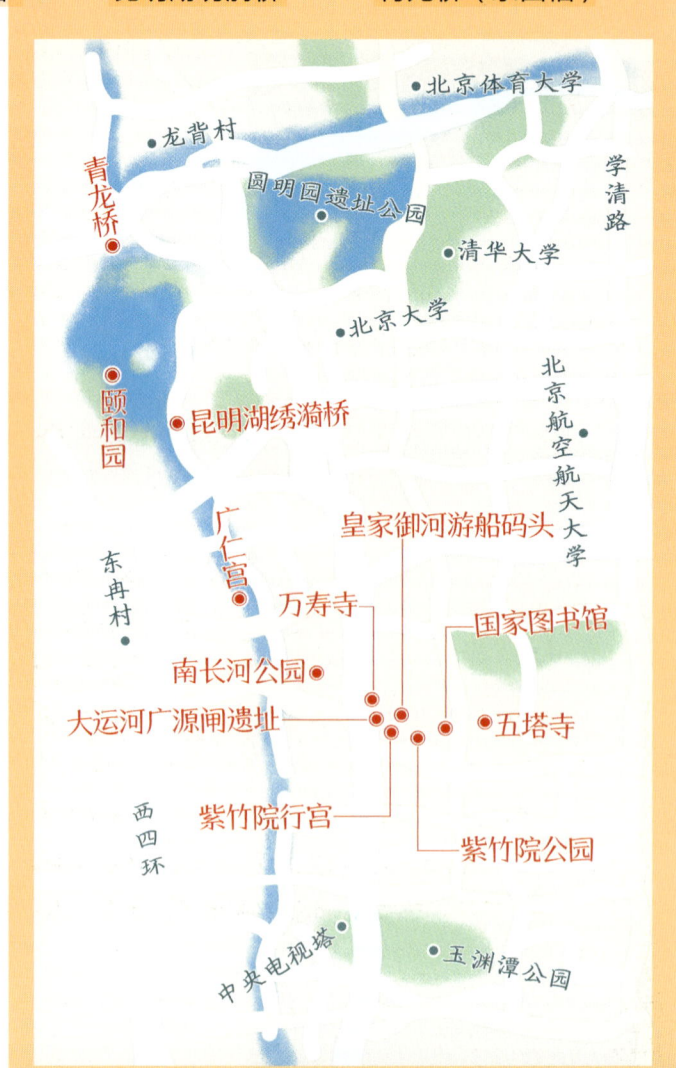

与"慈禧同款"的游河方式
皇家御河码头

△ 颐和园龙船与佛香阁

北京什么季节适合游船？

夏季和秋季。

不管你有多了解长河，要是没有过泛舟河上的经历，恐怕对长河的感受一定是不完整的。因为，观"河"是一个视角，而乘船看"河"又看"岸"则是另一种体验。如今，长河游船给了你这样的机会。

每年4—10月，"皇家御河游船"都会准时开航。正如前文所述，从乾隆年间开始，长河便被改造为专供皇家使用的河道，皇帝和皇后由此走水路进入颐和园。特别是在光绪年间，这里成为慈禧频繁进出颐和园的"水上高速公路"，因此，它也有了"慈禧水道"的"小名"。

今天，你可以从动物园和紫竹院两处御河码头登船。动物园码头位于大象馆南侧的河道边上，从此乘船约为9千米，大约需要60分钟，由于水位落差的原因，船行至紫竹院公园后需要到"紫御湾码头"换乘。当然，你也可以选择先游览紫竹院行宫，然后乘船前往颐和园，地点与前面换乘的码头相同。在清代，帝后乘船也是需要在这里换乘的，在将近一个小时的水上航行中，你可以看到长河两岸十余处皇家遗迹，毕竟，乘兴而来的皇帝也要在这水道上随时把打卡点"安排上"。

"动物园"和"紫御湾"两个码头均为每小时一班游船，并且都以颐和园"南如意码头"作为终点，上岸后继续向前约100米就可以看到当年帝后进入颐和园的第一站——绣漪闸了。

乘船游长河会有十分惬意之感，尤其是在早春时节，两岸桃红柳绿。一座座跨水的虹桥，一处处寺观楼台，真好似江南一般。难怪"长河观柳"成为流传了数百年的京城一景。

长河岸边的"佛塔艺术世界"
五塔寺（北京石刻艺术博物馆）

△ 塔身上的浮雕　　　　　　　　△ 五塔寺金刚宝座塔

长河沿万寿寺东流，过紫竹院行宫和白石桥后，便可以在河北岸看到五塔寺了，南岸则是北京动物园，长河在此处也好像成了动物园的"护城河"并与之紧紧相依。

今天的五塔寺给人以身处在北京的某个深巷中一般，哪一条主干路都不与它直接相连，寺门前的五塔路也总会让来访者产生"走错"的感觉——大名鼎鼎的五塔寺难道在这里吗？其实，从明成化九年（1473年）营建寺院一直到清末，这里都处于老北京城的交通要道之上，寺前的长河正是帝后从紫禁城驾临西山游赏礼佛的重要水上通道。

五塔寺最初叫真觉寺，在辉煌的乾隆时期曾改名为大正觉寺。明清时期，这座寺院之于百姓是京城内一处难得的登高望远之地，因此也成为百姓的重阳登高之处。再加之古刹清幽，这里也常成为踏青郊游的好地方。对于皇室来说，清代帝王还在这里大肆营建、扩建古刹，建造行宫并成为重大仪式的举办之所。

今日走进五塔寺，造访重点一定是那琉璃净透的金刚宝座塔。这种塔的形式在全国只有六处，北京则独占三处，除了此处，在西黄寺和香山碧云寺还有两座，而五塔寺内的金刚宝座塔最为精美。据说这种塔的造型是来自一位印度僧侣所带的"宝塔模型"，它象征着印度佛陀迦耶精舍的样式，并与佛教的五方佛、五方宝座有着密切的关系。

佛教认为佛有五尊坐骑，大日狮子座、阿閦（chù）象座、宝生马座、阿弥陀孔雀座、不空成就迦楼罗金翅鸟座。因此，在此塔的金刚宝座处便刻有这五种动物的形象。此外，宝座上还以天王、罗汉、各式佛教法器以及宝相花、梵文经咒等装饰其上，展现了庄严神圣、多彩华贵的佛国世界。

宝座南北两面各开一座门，南券门可通塔室，内有佛龛佛像。进门后还可从内部的旋梯拾级而上，这里可以通向宝座顶部。

金刚宝座塔的顶部平台上有密檐小塔五尊，中间的一尊较高，有13层，周围四座小塔则出檐11层。小塔顶为藏式喇嘛塔的风格，据说印度僧人带来的五尊小金佛便藏于其中。特别值得一提的是，这里还建有一座汉地风格的罩亭，亭子看似为传统木结构形式，实则通体以砖和琉璃所造，上面的斗拱和连接构件都十分细密而精美，难怪这金刚宝座塔被称为明代塔式建筑的精品。

今天的五塔寺已作为北京石刻艺术博物馆对外开放。2600余件代表北京地区精美石刻艺术的藏品在这里集中展示。特别是南北朝的造像、金元石雕以及名家书法刻石等，都十分值得细细品味。

地　　址：北京市海淀区五塔寺路24号。
开放时间：每周二至周日9:00—17:00，周一闭馆。
票务信息：成人70元/人。
交　　通：乘地铁4号线、9号线、16号线国家图书馆站下C东南口出，后步行700米左右。

海淀　五塔寺（北京石刻艺术博物馆）

△国家图书馆自习室

长河岸边读"运河"

国家图书馆

　　南长河穿过中关村南大街后，郁郁葱葱的南岸便是紫竹院公园，而北岸则是国家图书馆的南入口。地铁国家图书馆站F出口上来后也可以到达这里。既然如此，那在造访大运河的同时怎能不来此国家级的图书馆体验一番书香呢？何况，这里关于运河的书绝对是"应有尽有"。

　　从南入口或地铁F出口进入"国图"院落后，首先你会看到一座颇有年代感的建筑，这里是国图的老馆，即总馆南区，此处目前包含"国家典籍博物馆""硕博士论文库""缩微文献库"等，如果想直奔新馆则需继续向前约100米。

世界三大图书馆是哪三个？

　　分别是美国国会图书馆、俄罗斯国立图书馆和中国国家图书馆。

国家图书馆前身是京师图书馆，经过多年的筹建于1912年8月27日正式面向公众开放。在这一筹办过程中，身为教育部社会教育司第一科科长的鲁迅就在其中起到了巨大的推动作用。在"国图"100余年的历史中，梁启超、蔡元培、任继愈等都做过图书馆的馆长。如今，这里<u>已经收藏4400余万册的文献</u>，馆藏量居世界第七，中文文献收藏量世界第一。其中"敦煌遗书""赵城金藏"、《永乐大典》、文津阁《四库全书》等被誉为国家图书馆"四大专藏"。

当你走进国家图书馆总馆北区，四层下沉式的藏书和阅读空间会给你带来巨大的视觉冲击力。一架架分类摆放的书籍文献，一个个伏案阅读的身影，还有那安静极了的阅读环境，总会给人以莫名的感动，眼前的景象像"画"一样被凝固，而思想正在这里奔流。

这里是书籍的海洋，也一定是运河相关文献的聚"宝"之地。通过馆内各处摆放的计算机，可在"联机公共目录查询系统"以"运河"为关键词进行搜索，一系列有关"运河"的书籍便会筛选出来。<u>运河文献常被收藏在K928这一类别中</u>，属于地理学的子类别。包括区域地理、地理志、名胜古迹等内容。当然需要注意的是，有关运河的文献除了专题图书以外，还有诸如地方志类、水利工程类、民俗类、文化遗产类等都可以作为扩展和深入认识运河文化的重要参考书籍。此外，摄影集、图册、图录、书画、碑帖等也非常值得关注，他们同样是运河考察与旅游体验时非常有价值的参考文献。例如，中国国家博物馆编著的《千里舟楫——大运河文化展》图录、北京市颐和园管理处出版的《明珠耀"两河"——西山永定河与大运河文化带中的颐和园》等都是图文并茂的运河文化图册，既通俗易懂，又保持了一定的学术品位。

此外，来"国图"一定要给自己留一些"看画"的时间。这里收藏有很多已被出版的高清复制画作，它们可以作为具象把握运河文化的珍贵图像资料，如《姑苏繁华图》《康熙南巡图》《通惠河漕运图卷》等，它们就像一架高清相机，为你如实地展开一幕幕生动的运河影像……

△ 紫竹禅院山门前阶梯

行至"河中",也要坐看云起
紫竹院行宫

要去紫竹院行宫需要到紫竹院公园里方能找到,而紫竹院公园则是因紫竹院行宫才逐渐形成。

长河从西北至东南穿过紫竹院公园,而紫竹院行宫正位于公园的西北角。行宫是古代帝王在 <u>京城以外修建的临时居所</u>,主要用于巡行、狩猎、避暑等停歇所用。历朝历代,帝王都十分重视行宫的营建,除了建造一定规模的宫殿建筑群外,往往还要建有别苑以供游赏。特别是在清朝,行宫被赋予了更多的功能。 从康熙朝开始皇家陆续在京城外营建行宫 <u>100 余处</u>,很多重要的政治活动、重大决策以及与其他民族、外藩使臣的交往会见都在行宫内举行。

紫竹院行宫在明代本是公园西侧万寿寺的一座下院。清乾隆十六年

△ 紫竹禅院　　　　　　　　　　　　　　△ 紫竹院行宫入口

（1751年），为庆祝崇庆皇太后六十寿辰，长河南岸的万寿寺及下院都做了大规模的修缮。与此同时，乾隆还在此院的西侧建造了一座行宫，万寿寺的下院便成为行宫的附属建筑，乾隆帝还亲自赐名"紫竹禅院"。到了光绪年间，慈禧及皇室成员频繁往来于紫禁城和颐和园之间，这里也被扩建为一座拥有房屋七十五间、四座桥、两座码头、一座船坞的大型皇家行宫。行宫及附属的禅院也更名为"福荫紫竹道院"。

之所以在这里建造行宫，主要是因为帝后沿长河行舟至此需要在万寿寺码头上岸换船才能进入颐和园。因此，进入万寿寺拈香祈福后便可在行宫内稍作小憩，再行乘船。于是，作为皇家"藏舟换船"以及祈福休憩之地，"紫竹院行宫"也被装点得格外清雅秀丽。今天当我们走进这里，翠竹依依，河水潺潺，确有"人间福地"之感。

行宫中的"报恩楼"是最具代表性的建筑之一。此楼建于乾隆年间，已有200多年的历史。作为行宫的后罩楼，上下两层各九开间，展现了皇家行宫宏伟的气势。这里目前主要作为展厅开放，展览以"大运河和紫竹院"为主题，以图文并茂的形式介绍了运河（长河）与紫竹院的历史脉络。

东侧的紫竹禅院共有两进院落，里面供奉着"紫竹观音"。

2024年年底，整修后的紫竹院行宫再次对公众开放。"运河的粉丝"应该把此处当作重要的"打卡地"。毕竟，"运河+行宫"的组合在北京运河景观中还是难得一见的。

"豆腐闸"可非"豆腐渣"
广源闸

从紫竹院乘船沿长河行驶不远，就能看到一座不大的石桥横在水面上，岸边还有一个被修葺一新的小庙，这里就是在大运河遗产中占有重要地位的广源闸和龙王庙。

靠近广源闸，恐怕会有两个问题立刻浮现在你脑海之中：第一，所谓的广源闸，闸在哪儿呢。第二，这里叫广源闸，可明明就是一座桥啊。其实，答案很简单，眼前的这个水工建筑就是闸和桥的结合体，我们也可以称它为广源闸桥。

广源闸桥建于 1292 年，是郭守敬主持修建的 24 座水闸之一，也是长河上保存得最为完好的一座。为何要建水闸呢？这是理解北京大运河的一个重要内容，我们不妨耐心思考一下。首先给出几个现实的条件，当然这些也是当年郭守敬遇到的难题。第一，通州城区海拔约为 20 米，北京市区约为 45 米，海淀颐和园的海拔则达到 50 余米。大运河从西山水源地流到通州势必越来越快，同时湍急的水流也会加

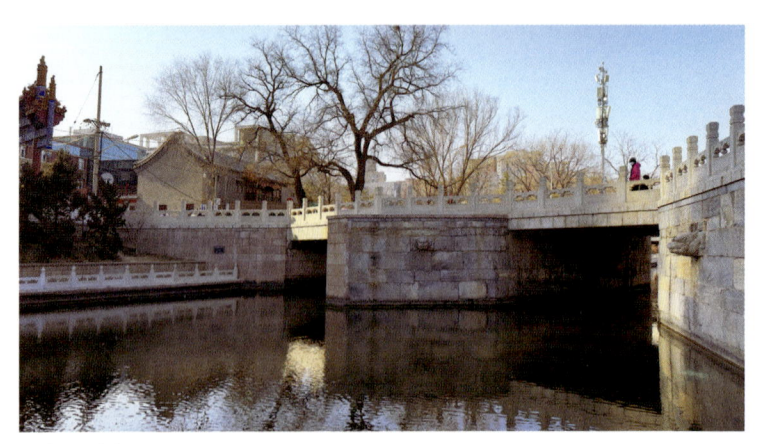

水闸与燕翅

燕翅是指闸体两侧向外延伸的构造，通常由长方形青石材砌成，形状像鸟的翅膀，因此得名"燕翅"。这些燕翅向外延伸，围拢成水流和船只通过的通道，其作用主要是引导水流，确保船只顺利通过闸口。

△广源闸燕翅

△ 广源闸镇水兽

速宝贵的运河水资源的流失。第二，元代的漕船是从通州行至大都城内，而到了清代，则有皇家的游船从京城驶向颐和园，面对急流仅凭人力的"逆水行舟"是否可行？于是，水闸应运而生，它具有调节水位、节水行舟的功能，同时也承担调控通惠河水量的重任。

现在，当你站在广源闸桥岸边的一侧向桥洞里望，就可以看到两个长条状的孔洞，这就是当时放闸板的闸口。在元代，桥面采用的是简易的木板供闸工行走、操作，后改为石板。1999年改造时，又将桥面改为水泥路面。这种闸桥一体的形式（闸上桥）在北京段大运河上并不多，更多的水闸还是采用闸边桥这一形式，也就是水闸在桥体的一侧，前面所介绍的万宁桥、澄清上闸就是这一类。

在广源闸桥的燕翅上，我们还能看到精美的镇水神兽，这可是当年郭守敬建闸桥时的原物。在今天，广源闸的小名"豆腐闸"总让人误想到"豆腐渣"工程。其实，经过800年的洗礼，今天的广源桥闸看上去仍然非常挺括，镇水兽也炯炯有神，质量超赞。

桥岸边的"龙王庙"看起来有些孤单，默默地矗立在那里，但要知道，如果我们穿越回几百年前，这里可是京城的一处繁华胜地，此地能被皇家与民众共同享有，实在已是件不容易的事了。

从广源桥到下游的高梁桥一线，河道蜿蜒，两岸垂柳茵茵，是市民平日休闲的好去处。难怪袁宏道在其《游高梁桥记》中记载："……精蓝棋置，丹楼珠塔，窈窕绿树中；而西山之在九席者，朝夕设色以娱游人。当春盛时，城中仕女云集，缙绅士大夫，非甚不暇，未有不一至其地者也。"佳节之时，各种名头的庙会和民俗活动更是把河边的热闹推向最高潮。而这一切都是因为"河"的鼓动，它把美丽的风景、多姿的建筑、欢腾的节日以及需要抚慰的人心统统连接起来，并最终绘成一幅生动的"运河风貌图"。

长河边上的"京西小故宫"
万寿寺

万寿寺的名气实在大，大到人们以"京西小故宫"来称谓它。按理说这长河边寺院不止此一处，在万寿寺东不远的地方就是五塔寺，供皇家休憩的行宫当然也有，紫竹院的行宫步行也不过5分钟。那么万寿寺的魅力在何处呢？

△万寿寺西洋门

第一个重要的原因恐怕就是人家的名字好听。你看"万寿"二字真是吉利，同时还能满足当时皇家的需要。每到举行"庆寿"大典的时候，连接着紫禁城与皇家园林的长河都会成为重要的水上通道，帝王会精选几处岸边设施作为重要的庆祝节点，这么吉利的名字此时此刻再应景不过了。此外，万寿寺的位置绝佳，由于水位落差原因，皇家的船只通常要在此处的广源闸换船，因此，在船闸对面的万寿寺内稍作小憩，吃个"下午茶"岂不是格外的惬意，于是，原本在明代作为皇家收藏经书的寺院，一跃成为清代帝王最重要的敕建"庆寿专用服务机构"。为什么要称"机构"呢？因为此时的万寿寺已经成为包含寺院、行宫、园林，还有"皇家大厨房"等多种功能于一体的场所。我们从史料上就可以看到，康熙、乾隆、光绪等朝都持续对万寿寺进行一轮又一轮的扩建。最辉煌的时期，东、中、西三路组成的建筑群仅占地就达30000平方米。今人把它称为"京西小故宫"，其实当年人们就已经称其为"小宁寿宫"了。

今天的万寿寺已经作为"北京艺术博物馆"开放，这里展示了皇家工艺美术的代表作品，如瓷器、玉器、纹饰、佛造像以及建筑艺术。

△ 万寿寺一隅

　　作为万寿寺建筑群来说有三个看点十分值得关注。穿过天王殿是万寿寺的正殿"慧日长辉殿",这里供奉清初三世佛佛像,两侧的十八罗汉造型迥异,尽显各自不同的性格气质。这座大殿是万寿寺内唯一保存的清代供奉原状陈列的地方。

　　西洋门也值得关注,它建于乾隆年间,这座中式庭院的院门上采用了大量西式装饰图案,东西方文化在此融汇,十分难得一见。

　　第三处则是寺院后方的假山。此处假山为明代堆叠,尽管面积不大,但在这狭小的空间内营造出了山谷沟壑,极有意境。在这里,你可攀、可穿、可探、可卧,真是"螺蛳壳里做道场"。此山被认为是明代园林掇山的极品之作。

跟着乾隆游长河
南长河公园

△夏季柳树成荫的南长河公园　　　　　　△南长河公园

　　南长河公园与紫竹院行宫、万寿寺、广源闸仅仅一街之隔。当然，从水路看并没有什么阻碍，它们都是南长河的流经之地。今日，这里是一处长达 3.5 千米的滨水公园，从东三环一直沿河贯穿到蓝靛厂南路，成为市区内一处市民休闲健身的优选之地。

　　尽管南长河公园主要服务于市民休闲之用，但对于运河粉丝自然也是乐趣之所。从公园东南入口处沿河岸向北行走，便可看到一处处精心装点过的"运河小景"，有"曲苑听香""柳岸春荫""春堤信步"等，大有"移"步易景之感。此外，还有几处雕塑或景观小品矗立于岸边，这里则用文字和图像展示了长河与大运河、绣漪闸、高粱河等周边河道水工的位置关系与文化内涵。

　　值得一提的是，公园内有一座复原过的拱桥，形似河北赵州桥，这里是原来南长河上"麦庄桥"的桥址所在。乾隆曾为此桥御笔撰写《麦庄桥记》，上面详细记述了京师水系从西山经城区流入通州的路线及位置关系。此处的麦庄桥是南长河上重要的四座桥梁之一，另外三座分别是长春桥、白石桥和高粱桥。如果想寻找乾隆时南长河的风貌，更宜选择春夏之际，因为两岸的垂柳最娇最嫩，当年京城百姓的踏青绝佳处也是选择的这里。

皇家敕建"五顶"之冠

广仁宫

北京历史悠久的庙会有哪些？

东岳庙庙会、厂甸庙会、北顶娘娘庙庙会、地坛庙会等。

广仁宫又称西顶庙、碧霞元君庙，旧时这里也称为西顶娘娘庙。在老北京的民间信仰中，碧霞元君是老北京极为重视的信仰偶像。在国家与民间的双重推动下，在希冀多子多孙的强烈心理需求下，北京城内逐渐形成了五座供奉碧霞元君尊神的"娘娘庙"，俗称"五顶"，即东顶行宫庙、西顶广仁宫、南顶娘娘庙、北顶娘娘庙和中顶普济宫。其中西顶广仁宫和位于鸟巢附近的北顶娘娘庙保存得较为完好，尤以"西顶"最为完整。

广仁宫始建于明正德年间，当时名为嘉祥观。清康熙四十七年（1708年）重修后改为现在的名字。这里的建筑是一大看点，广仁宫的正殿与后面的寝殿之间由五间穿堂连接，要想进出寝殿则只能从穿堂中间的那扇"过道门"进出，这种"工"字形的格局乃是典型的宋元时期布局形式，因此十分珍贵。正殿供奉的主神自然是碧霞元君娘娘，两侧分别是眼光娘娘和送子娘娘。

因为碧霞元君信仰的兴盛，再加上距离此处不太远的妙峰山也供奉有碧霞元君，因此这里成为京城极为重要的民间祭祀与庙会的兴旺之地。每年农历四月初一到四月十八庙门开放，盛大的庙会在此举行。由于妙峰山的庙会也大致在此时举行，因此北京城内从皇家到民间百姓纷纷出动来此地进香祈福。特别是在清朝，不但帝王常来此祭祀，还派官员每年来这里拈香祈福。皇家仪式结束便是一拨又一拨民众的到来。据《酌中志》记载：万历年间"凡男女不论贵贱，筐担车运，或囊盛马驮，络绎如织。甚而室女艳妇，借此机会以恣游观……"可见，在那个女子"大门不出二门不迈"的时代，她们也有了机会"平等"地走出家门参与到"热热闹闹"的社会生活中。于是，庙内的祈福和庙外的"享福"同时展开。西顶庙会举行之时，茶棚、酒肆、杂耍、演戏、花鸟鱼虫、摔跤猜谜等，你想得到、想不到的这里统统都有，他们或在庙门前，或沿着不远处的长河两岸一字排开，真是百姓一次难得的"旅游＋狂欢"的节日。直到清末，庙会依然十分盛行。

据说，还有很多香客是从天津、河北甚至更远的地方来到这里，他们乘舟沿大运河而上，先上妙峰山，再返回西顶娘娘庙赶会，当一切都"心满意足"后再乘船沿运河而回，想必此时人们心中定会有"轻舟已过万重山"的舒畅之感了吧！

地　　址： 北京市海淀区远大路 1 号。
开放时间： 暂不对外开放。
交　　通： 乘地铁 10 号线、12 号线到长春桥站下 A1 西北口出，后步行 474 米左右。

皇帝送给妈妈的礼物
颐和园

正确打开"大运河版"颐和园的方式至少需要从两个角度来考察。一个是从作为大运河"蓄水池"的瓮山泊,另一个则是作为大运河文化影响下的皇家园林——颐和园(清漪园)。它们分属于元和清两个不同的朝代,也是颐和园之于大运河不同功能的体现,还是大运河持续对这座园林乃至对这座城市文化不断影响的见证。

作为大运河"蓄水池"的瓮山泊是郭守敬的杰作。他以"上帝之眼"和"神来之笔"般的大地测量技术完美解决了大都城积水潭码头水源不足的"大难题",珍贵的运河水资源浩浩荡荡地沿着西山

△ 颐和园佛香阁

△ 颐和园铜牛与十七孔桥　　　　　　　　　　△ 颐和园清晏舫

进入了元代还叫瓮山泊的这片水域。人们总是喜欢有山有水的地方，很快寺观街巷在此陆续形成，这里也成为大都城市民"郊游"的好地方。至此这个"大蓄水池"便有了**储水 + 调水 + 旅游**"的三重功能。

到了清代，尽管瓮山泊已不再具有元时为运河蓄水的功能，但由于三山五园地区皇家园林的大肆营建，对于水的需求和有效调控变得更加重要而紧迫，于是乾隆帝的一系列西山治水项目中瓮山泊变成了昆明湖，这里也被打造成举世闻名的皇家园林——清漪园。由此，大运河以另一种方式在这座皇家园林内为自己打上深深的烙印。从乾隆十六年（1751年）开始，乾隆帝的"江南系列多日游"正式拉开大幕，在随后33年的时间里他六下江南，而不管行程有怎样的变化，江南园林是永恒不变的必到"打卡点"。当然，按照"乾隆爷"的思维方式：你有的园林我也要有，你有的美景我也要统统收下。于是，清漪园便成了**乾隆"江南园林与美景"**的私人收藏处，一系列的江南私家园林与优美景观在此"复刻"。杭州的西湖成了这里的昆明湖；镇江的金山在这里成为万寿山；无锡的寄畅园则摇身一变成为此处的经典园中园——谐趣园；南京的永济寺被仿建在后山，名为赅春园；就连西湖上的苏堤也没有放过，到了昆明湖上就被仿建成桃红柳绿的西堤，

古时候有北漂吗？

古代的"北漂"类似于现代，指人们为了寻求更好的生活和发展机会，离开家乡前往北方（尤其是京城）谋生。"北漂"现象至少可以追溯到3000年前的燕文化时期，当时已有外地人前往北京一带求生存、谋发展。此外，在宋代，词人柳永也经历了类似"北漂"的生活，他前往国都汴京（今河南开封）参加科举考试，并在此地生活创作。"北漂"代表人物有李白、曾国藩、白居易、苏轼等。

这里的春天美景丝毫不亚于西湖。

然而这些还不能满足乾隆对于江南的挚爱之情，园林美景"我收下"，江南的街巷我都要"请回来"。苏州的山塘街乾隆帝极为喜欢，因为这条由白居易主持兴建的千年老街对于乾隆来说也算是"旅游古街"了。那好，就把它也搬到我的清漪园里吧。于是，苏州的山塘街就成了清漪园里的"苏州街"。这里依旧保留了小桥、流水、人家的江南景致，保存了商铺、船厅、码头的江南水乡风情。只要乾隆想逛苏州古城了，清漪园的苏州街就会开启，太监装扮成商家，"乾隆爷"则带着一众皇家成员来此"购物"消遣。这股"江南城市游"的风甚至刮到了其他的园子里，圆明园里的同乐园买卖街也是一处江南风情"购物街"。从万寿寺到畅春园的大街上居然也被改造成皇家买卖街巷，而最后仍不忘把江南的印象刻在这里，"买卖街"便取了"苏州街"的名字。清末，被英法联军焚毁的清漪园重新复建并更名为颐和园，慈禧太后仍希望将苏州街恢复起来，只可惜因为财力不济只能做罢。1996 年，颐和园里的苏州街重新复建，我们今天可以有机会来这里逛一逛这"苏州的街巷"了。

说了这么多的江南，那运河呢？在这里，运河就是一条文化交流与融通的纽带，乾隆帝乘舟南下，随后"梦里的江南"便随他一同回到了北京。京城外的西北郊便有了一座座充满江南韵味的园林，而在京城里呢？在京城里，不只皇家，就连百姓的生活方式都打上了或多或少江南的烙印。

素有"昆明湖第一桥"之称
昆明湖绣漪桥

△夕阳下的绣漪桥

　　坐船沿长河从京城一路向西北，当你看到一座巨大的石拱桥横跨水面，那便是绣漪桥了。绣漪桥可以说是颐和园的标志了，当年皇家的"大龙船"便是从此桥穿行而过进入昆明湖的。

　　据考证，绣漪桥约建于清乾隆二十四年（1759年），在光绪年间，为了慈禧进出颐和园的需要做了修缮。

　　当我们到绣漪桥时，最明显的感觉就是它的高。的确如此，对于绣漪桥40米的长度来说，7.5米的"身高"确实赋予它"高挑美人"的模样。不过，在民间这个桥的"昵称"却不好听，人们称呼它为"罗锅桥"，起因是这个高大的桥洞。然而，清代帝后可是对这石桥"喜欢备至"，至少乾隆帝就是如此，他常乘船进入昆明湖，每过此桥便会不禁感慨，"赋诗一首"成为常态，"绣漪桥入即昆明，淼淼波光镜浦平"就是当年留下的诗句。尽管乾隆帝御诗的艺术性饱受争议，但不可否认，他的诗作客观上的确记录下大量当时所看到的风景与实物。

　　其实，乘船进入绣漪桥前还要过一道水闸，作为"桥边闸"其重要目的是调节昆明湖和长河的水位。此外，鉴于这里的重要位置，水闸处还有军队在此驻守，闸夫和纤夫也是这里的"标配"。每当皇家御船在此通过，他们便要履行自己的职责。作为运河供水的重要孔道以及皇家进入园林"驻跸理政"的交通要道，绣漪桥的闸与桥都起到了极为重要的作用。

　　不过，今天的游船只能行驶到绣漪桥南侧的码头停靠，不能进入颐和园，若要游览颐和园只能下船步行至检票口进入。当然，这也给了我们一个好机会登桥观景。向南望，长河两岸柳荫依依，向北望，昆明湖、佛香阁宛若琼楼玉宇、月宫仙境，而绣漪桥呢，它的身姿倒映在河水中，上下"合璧"，宛若一轮圆月掉落人间。

分明画里小江南
青龙桥（京西稻）

古人早就掌握了种植水稻的技术

目前发现最早的水稻遗存位于浙江余姚河姆渡遗址，距今约7000年。河姆渡遗址是中国南方早期新石器时代遗址之一，于1973年开始发掘，发现了大量稻谷、稻秆和稻叶等水稻遗存，这些遗存经过科学鉴定，确认是人工栽培的水稻。

"十里稻畦秋早熟，分明画里小江南。"这是乾隆帝途经海淀青龙桥时欣然写下的诗句。青龙桥就在颐和园的西北面，它的历史可追溯到元代。当年，郭守敬引昌平白浮泉水兜转西山直抵瓮山泊（今颐和园昆明湖），为了调控水量便在这瓮山泊的西北处修建了闸与桥，是为青龙闸和青龙桥。由于其所处位置与功能的重要性还在此派遣了驻军。

青龙桥闸的建成与启用渐渐促进了附近村镇聚落的形成。青龙桥下的汩汩清水连接了西山的水源与都城的诸多水系。特别是在清代，由于大量皇家园林的营建，这里成为从圆明园、清漪园（颐和园）、畅春园等进入静宜园、静明园的重要水道，皇家成员到西山避暑游览，民间百姓到郊外进香祈福、踏青野游等都会途经此地，由此青龙桥畔的商贸业越发繁荣。豆腐店、茶叶店、药铺、餐馆、酒楼、果子铺等一应俱全，不久这里便以青龙桥镇之名与海淀镇、清河镇一道成为著名的"海淀三镇"。直至民国时期，这里才因战乱等原因逐渐走向衰落。

由于这里独特的水资源以及地理位置优势，康熙帝曾将自己"南巡"带回来的"稻种"于此栽培，在随后"康雍乾"三代帝王130余年间的精心管理下，皇家的"御稻"成了著名的水稻品种——京西稻。京西稻椭圆丰腴、晶莹透明，蒸出来的米饭富有油性，形状饱满，品质极高，2015年成为国家农产品地理标志保护产品。

青龙桥畔、汩汩山泉、如诗的园林、繁华的街市、悠悠的古镇、徐徐的稻香，这景致不正如江南水乡一般吗？难怪乾隆帝到此会吟出那句："十里稻畦秋早熟，分明画里小江南。"

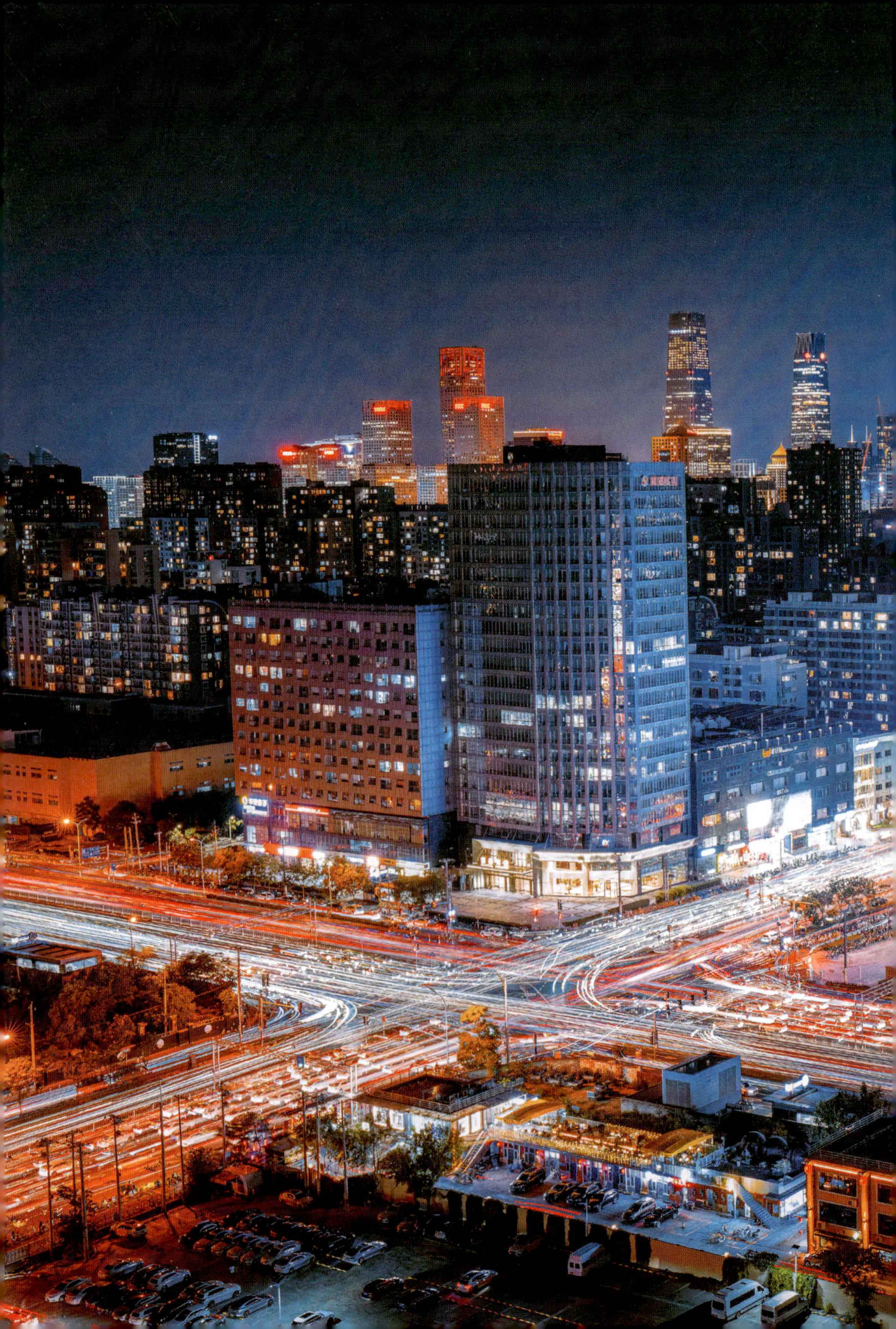

朝阳

线路 追忆运河上的"繁华梦"线

高碑店漕运历史文化旅游区(平津闸)—将府公园—庆丰闸—亮马桥国际风情水岸

线路 追忆运河上的"繁华梦"线

高碑店漕运历史文化旅游区（平津闸）—— 将府公园 —— 庆丰闸 —— 亮马桥国际风情水岸

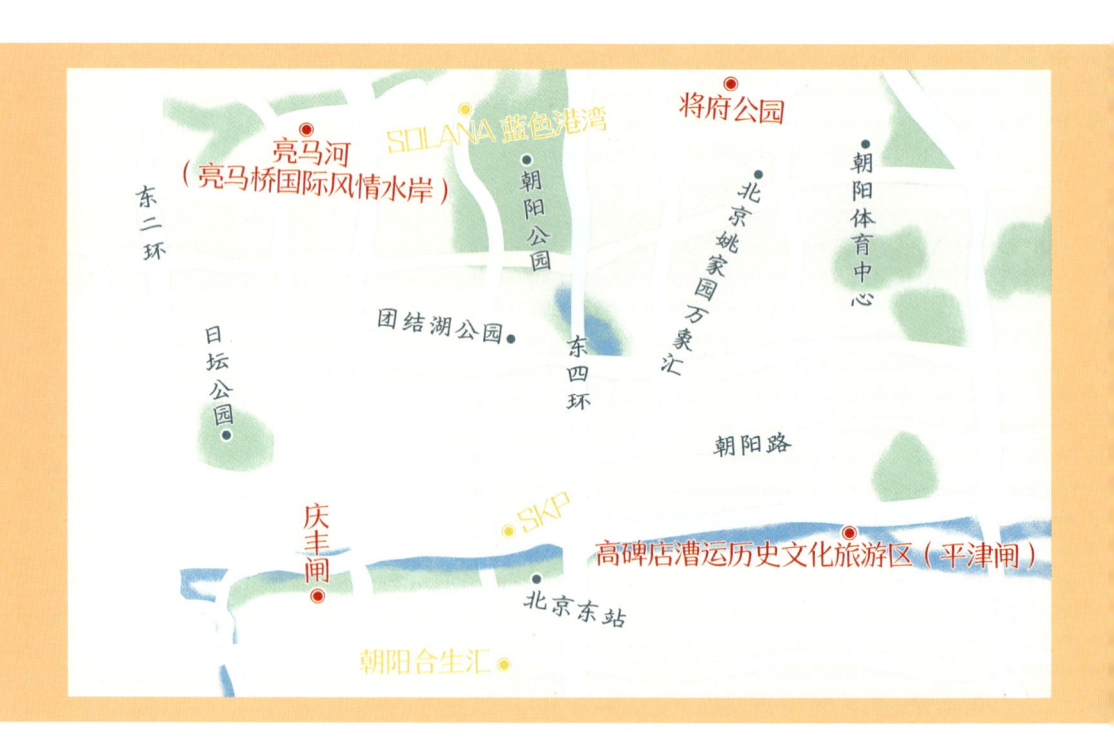

△ 高碑店漕运历史文化旅游区——滕隆阁

随运河"潮起潮落"的"一闸两庙"

高碑店漕运历史文化旅游区（平津闸）

与庆丰闸一样，平津闸也是郭守敬在通惠河上精心"布置"的24处水闸之一。水闸的设置既可以防止宝贵的运河水资源流失，同时力求解决进入大都时逆水行舟的困难。

当年，平津闸共包括上闸、中闸、下闸三处。今天"高碑店漕运历史文化旅游区"中的平津闸属于上闸。尽管通惠河进入旅游区时已作为一个小水库而存在，但是当年平津闸的位置还是被保存了下来。

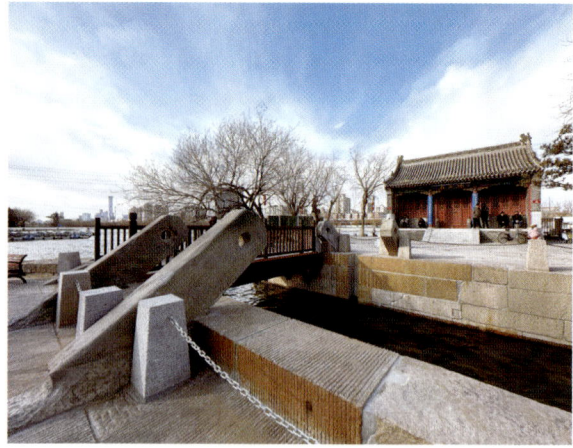

△ 高碑店漕运历史文化旅游区——龙王庙　　△ 平津闸遗址

　　平津闸采用闸边桥的形式，木桥将通惠河南岸和湖心岛连接在一起。古闸的四个绞关石已按照原样、原位置安放复原。它们约成45°向河中央倾斜，宽大的闸口清晰可见。遥想当年，一条条巨大而沉重的闸板被闸夫拉起，南来的漕船得以轻松穿行而过，国家的经济命脉就是在这闸起闸落间得以维系与平衡。

　　此外，平津闸还是重要的皇粮转运站，随着漕运的繁荣，码头两岸逐渐形成了商贸市集与村镇聚落，庙会、花会、民间戏曲、杂耍等在此轮番上演，难怪人们形容这里是"人如蚁、帆如墙"，真是好不热闹。

　　平津闸的北侧有将军庙一座，现在这里供奉的是关羽。在闸口的不远处还有一座龙王庙。面门朝向公园外的大街一边。人们常把这里称为"一闸两庙"的格局。 不过，这"一闸两庙"并非同时建造，平津闸最早，为元代所建；其后是龙王庙，始建于明朝；将军庙则是清代的建筑。在最近的100余年时间里，"一闸两庙"都随运河逐渐走向衰落。时至今日，它们似乎又要再次重生，依随运河再次勃兴，我们一同期待着……

"坝河"也要进北京
将府公园

将府公园是朝阳区西北处的一片休闲绿地,附近的居民常来此休闲健身。对深度喜爱运河的人来说,来这里可以找到独特的宝藏。

坐地铁 12 号线驼房营站下车步行一段就到了将府公园,运河的故事可能要从这驼房营讲起。公园里有一条长长的水道穿过,这就是比通惠河还要早的坝河。从金代开始它就承担着南来漕粮运输的任务。到了元代,尽管郭守敬主持开凿的通惠河投入使用,然而庞大的漕粮运输量仍不能满足其需要。元大德三年(1299 年)坝河成功疏通,它和通惠河一起承担着由通州运漕粮至大都积水潭的任务。因此,我们从元代地图上可以清晰地看到南、北两条水道一直向西伸向积水潭港。

据史料记载,坝河的年漕粮运输量可达 80 万~90 万石。只是到了明代中叶,上游西山水量严重不足,实在难以维持运输的最低水位要求,坝河也就从此退出漕运的历史舞台。

有运河闸桥的地方就是有生意的地方,有了生意也就有了生计。纤夫、车夫、闸夫、坝夫等职位和用工需求也应"运"而生。这里的驼房营就是当年驼夫将负责运送漕粮物资的骆驼休整、豢养的地方。

公园内专门设计了驼房文化休闲区和坝河水岸观光区,这些都是值得一看的地方。

大运河对老北京非遗的影响

皮影戏:皮影戏始于汉唐,经过上千年的传播,除了"旱路往来"途径外,还有"水路舟楫"途径。皮影戏通过运河上的船只传播到各地,成为南北文化交流的重要形式之一。

杂耍:杂耍艺人利用大运河的便利,将各地的杂技、戏曲等表演带到北京,形成了独特的北京杂耍文化。

地址:北京市朝阳区东八间房村临甲 10 号。
交通:乘公交车 973 路、571 路、659 路,到将府公园下。

藏在CBD里的古船闸
庆丰闸

北京的国贸 CBD 商圈大名鼎鼎，作为中央商务区吸引了众多的世界著名企业。可你是否知道，100 年前的老北京还有个"特别娱乐区"，它吸引着无数城里的百姓走近郊野，去享受另一番甜美的时光。它在哪儿呢？就在今天北京的 CBD，名叫庆丰闸。

通惠河从京城东南角出城后首先会遇到"大通桥闸"，第二个闸口便是"庆丰闸"，因此，民间给它起了个小名："二闸"。今天，庆丰闸遗址已经建成了运河文化公园，但来的人还不算多。明清时期这里可就不一样了，人们从大通桥搭着小船来到此处，或是找家酒馆坐下，或是自带酒菜"就地露营"，还有的人直接"打尖住店"顺便来两日游。而要问人们为什么都愿意来这里呢？清代的"竹枝词"里似乎有答案："最是望东楼上好，桅樯烟雨似江南。"运河、水岸、酒肆、庙宇，一个个如画的空间孕育出"诗画江南"的雅致意境。然而，这还不够，再看岸上的人们，那里有文人雅士，他们正在办"曲水流觞"的河边赛诗会；岸边还有村民，组建个舞狮队赶集表演，还有一些则是官人，他们厌倦了城里的生活，就是要找个土砖搭的桌子，乘着运河的风喝一次不眠的"夜茶"。庆丰闸就是这样，总会给你一个"落脚地儿"，让你快活快活。

还有些人则是单纯的找乐，他们拿出铜板向河里投，岸边的孩子飞也似的一跳跃入河中，不一会儿就会把钱给你找回来。最后的结果是孩子们获得了几个铜板的"奖励"，大人则是哈哈一乐。这个"玩法"在当年十分盛行，只是可怜了孩子们。不过再想一想，姑且也算是人们在那个时代的一种"苦中作乐"。

△夜色中的亮马河　　　　　　　　　　　　　　　△亮马桥与岸边建筑

北京有个"塞纳河"
亮马桥国际风情水岸

"1河2湖24桥18景"的北京亮马河不知道能不能有机会和塞纳河做个PK，但至少这几年是真的火了！市民认可、游客认可。来自五湖四海的宾朋也认可！

朝阳一直在走"国际范儿"的路线，曾经担负皇家运输任务的大运河支流——亮马河如今也开始"潮"起来，乘船游亮马河的航线开始广受关注和好评。

亮马河游船航线让你在全程约40分钟的时间里全身沉浸在五彩光影的世界中。游船可以选择从燕莎码头启航。航线的一个特别之处就在于经过的很多桥梁其顶部非常低，完全做到触手可"摸"。行至"好运桥"，无数装点了LED灯的光柱像"繁星"垂下人间，你可以

173

用手轻抚它，然后如梦幻般的繁星开始闪烁。好运桥最适合年轻的恋人乘船到此，因为据说在这里许下的愿望都能实现。

琉璃桥则要制造出那"净琉璃"的世界，在一簇簇的雾霭中宛若天上仙宫一般。

途中的饮马桥和亮马桥都与马有关。饮马桥就是给马匹饮水的地方，<u>亮马桥的名字则来自亮马河</u>。这里曾经是给进京商队的马匹洗澡后让马晾干的地方，所以就有了晾马河的名字，后来才改成了"亮马河"三个字，桥也因此而得名。

都说朝阳公园的贝壳剧场只有在夜晚的桥上才能看到最美的一面！行船到此处，务必好好感受一番。那如恒星般的紫色穹顶让人不禁联想是哪颗星星坠进了贝壳里。

<u>目前亮马河航线有日航和夜航两个类型</u>，5~10分钟就会发出一班。全程经过亮马桥、燕莎、蓝色港湾以及朝阳公园等地。建议选择"敞篷船"更有利于体验夜晚的光影效果。

2024年还推出了"潮朝阳"双层观光巴士，二楼的座位全部采用沙发座椅和餐桌，可以一边看景一边品尝西式美食。目前的线路有"前门—蓝色港湾"和"鸟巢—亮马河码头"两条可选。

据说，另一条更加激动人心的水上航线即将开通，未来你可以从亮马河乘船直接抵达通州码头和环球影城码头。这么一说，感觉明清时期大运河的航线要被"复刻"了一般。

TIPS

亮马桥休闲购物好去处

作为国际风情水岸的亮马桥，其周边汇聚了许多北京的大型休闲购物商场，例如蓝色港湾、朝阳合生汇、北京SKP等，让你在欣赏河景的同时享受到都市生活的松弛感。

顺义

线路 发现北京水系的别样"情怀"线

潮白河森林公园—顺义文化中心

线路 发现北京水系的别样"情怀"线

潮白河森林公园 —— 顺义文化中心

潮白河森林公园

顺义名称的由来

可以追溯到明朝洪武元年（1368年），当时明太祖朱元璋将顺州降格为顺义县，沿用至今。顺义县名称共使用630年，直到1998年撤销顺义县，设立顺义区。

潮白河森林公园位于顺义区政府南部，是一个紧密围绕潮白河而展开的亲水型公园。

潮白河为海河北系的四大河流之一，上游源自潮河和白河两大支流，两河分别从延庆和密云进入北京境内并注入密云水库，继续南流后在密云新城滨河森林公园交汇在一起，是为潮白河。潮白河进入顺义、通州后于北塘注入渤海。整条河流在北京区域内的河道全长达118千米。

潮白河是北京重要的水源，它通过京密引水渠流入北京市区，而这一水渠在通过昌平和海淀的水道与元代郭守敬开凿的白浮泉引水渠十分接近。在今天，京密引水渠还是颐和园昆明湖、昆玉河的重要水源，补充着当代的运河水资源。

如今，一项有关潮白河更大的计划已经开始启动。2024年北京市启动了"潮白河国家森林"项目计划，几年后，这里将建设一个跨越"京冀"两地的森林公园，总面积将达到104平方千米。植物园、自然教育园、艺术运动园等主题园区将为更多市民带来综合性休闲度假与教育体验。到那时，围绕潮白河一定会有更多的故事。

▽潮白河森林公园桥景

△ 顺义文化馆

顺义文化中心

　　顺义文化中心就位于潮白河森林公园西南处，这里整合了顺义博物馆、顺义图书馆、顺义文化馆和顺义大剧院四个场馆，是顺义区文化交流、展示的聚集区。2021年，这里还被北京市文化和旅游局评为"网红打卡地"。

　　顺义文化馆内集中展示了顺义区的非遗文化，通过大量的实物与影音特效再现了顺义的特色非遗项目。另一个很有分量的展馆是典藏钢琴艺术中心，围绕展厅走一圈，可以欣赏到不同年代的古董钢琴，了解钢琴诞生300年的前世今生。此外，在这里不同主题的欧洲古典钢琴展和演出沙龙定期上演，为百姓提供与艺术零距离接触的机会。

　　顺义博物馆则展示了顺义地区从史前时代一直到近代的文物，特别是有关汉代狐奴县古城遗址和唐代顺州古城遗址的出土文物，十分值得细细欣赏。

昌平

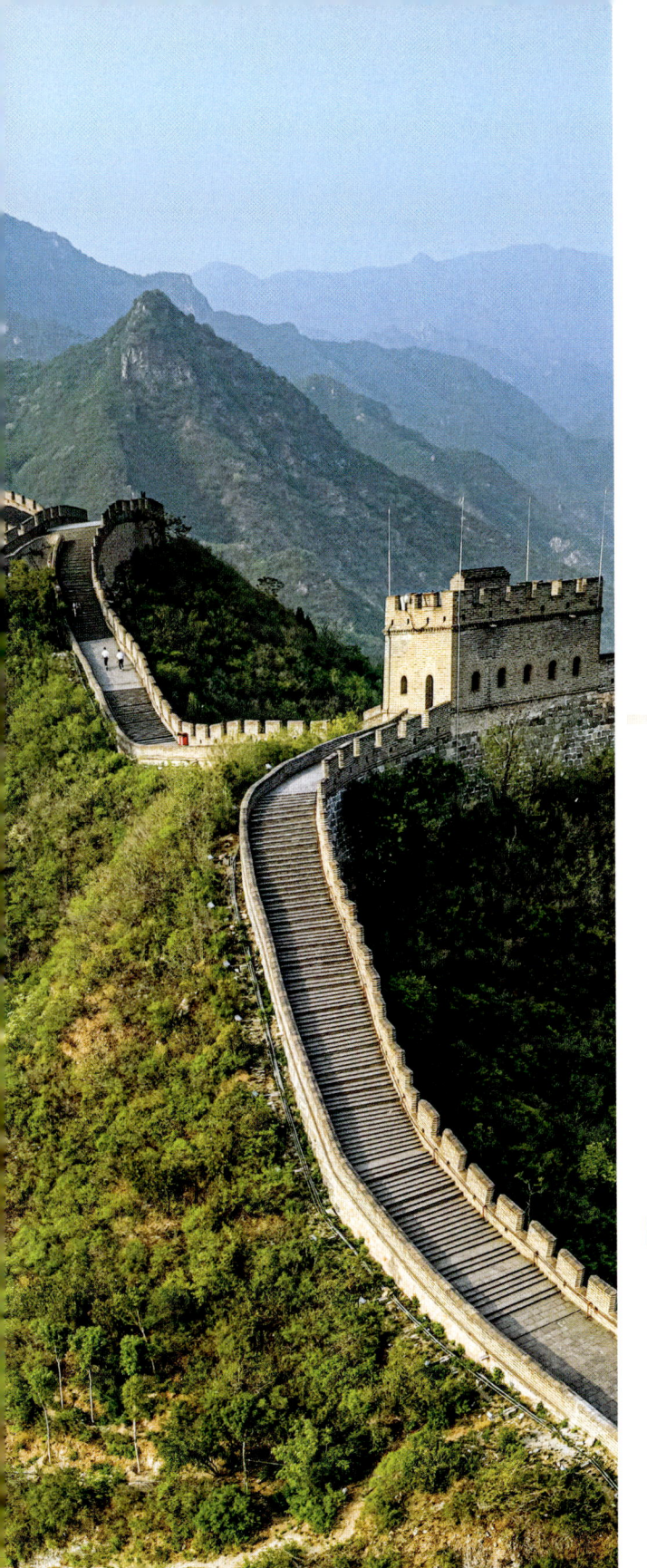

线路 找寻运河水源线

明十三陵—居庸关长城—白浮泉遗址

线路 找寻运河水源线

明十三陵 —— 居庸关长城 —— 白浮泉遗址

明代的建筑艺术与智慧
明十三陵

定陵的考古发掘是一场悲剧

　　1956年，考古学家在十三陵中选择了定陵进行发掘，这是中华人民共和国成立以来唯一一次有计划、有组织地发掘皇帝陵墓。然而，由于当时的技术和保护措施不足，大量珍贵文物在发掘过程中遭到破坏，许多文物在空气中迅速氧化，甚至当场灰飞烟灭。万历皇帝及两位皇后的尸体也未能幸免，被严重破坏。这次发掘不仅没有达到预期的科研和教育目的，反而造成了无法挽回的损失。

　　十三陵本与北京城里的大运河相距甚远，就连元代大运河的水源地——白浮泉按今天的公路里程算也要十多千米。然而这里也对大运河产生了意味深长的影响。

　　由于郭守敬的"天才"勘测与规划，白浮泉水源源不断地绕西山经瓮山泊进入大都城积水潭。不过这样的泉水西流再折向东的做法却在明初迎来反对之声，原因是明朝的皇陵正在白浮泉的北方。按风水理论，陵前的水势应自西向东方才是"吉相"，白浮引水渠则正好与之相反。于是这一引水路线被要求废弃，积水潭的水源迅速下降，也导致连接京城与通州的通惠河出现了低水位和断流的结果。

　　当然，作为世界文化遗产的十三陵其"明代皇家陵寝"的身份还是相当值得我们一窥这古代建筑的精品之作。

　　十三陵中各陵寝在逐渐增加开放的数量，但是目前长陵和定陵仍然是大家首选的参观重点。

　　长陵的地宫并没有打开，但其祾恩殿已经足够让人震撼。长陵是迁都北京的明成祖朱棣和皇后徐氏的陵寝。长陵祾恩殿位于院落北侧正中位置，它是用于供奉帝后神牌和举行祭祀活动的场所。长陵祾恩殿是明代帝陵中唯一完整保存至今的建筑珍品，具有极高的艺术、文物和历史价值。

　　祾恩殿建于三层的汉白玉须弥座上，其形制仿明代紫禁城的金銮殿。大殿内的60根金丝楠木大柱最值得一看，中间的32根金柱高达12.58米，直径1米左右，中心处的4根金柱最粗，直径约为1.12米，两人无法合抱。此外，大殿主体结构中的梁、枋、檩、斗拱等皆为金丝楠木加工而成。更为重要的是这长陵祾恩殿是明代帝王陵寝中保存

△定陵地宫

完好的唯一一处，且为明朝在北京帝陵中的首座祾恩殿，历经600年风雨，十分难得。它对于人们研究明代高等级建筑的整体结构、斗拱、尺度等都提供了实物依据。

定陵则重点关注地宫。在进行考古发掘时，人们发现地宫大门是石门，呈锁闭的状态，一块大石板顶在大门的后面，并不能直接推开。那问题来了，当年人们又是怎样把它关上的呢？原来这里<u>采用了自来石的设计方法</u>。这种方法是在石门的后侧先立一大石条，石条插入地面的石槽中，关门时首先将一侧石门关闭，再将另一侧石门关至只剩余一条可容纳一人穿行的门缝，这时墓室内的人将石条倾斜并倚靠在未完全关闭的那扇石门上，人从门缝中出来，然后将这一侧的门关闭，依靠在门上的大石条便会自动倾斜落在两扇门中部的石坎上，门就自动被大石条卡住而锁上了。关于打开石门的办法，据记载古时使用一种叫"拐钉钥匙"的工具，将拐钉钥匙从石门缝中伸入，将自来石顶出门槛即可打开。地宫的石门有约三厘米的缝隙，这一缝隙是专门为使用拐钉钥匙开门而留出来的。考古工作队用较粗的铁丝做成一个套圈的形状，将此套圈儿从门缝中伸入套在自来石上。另外一组工人用木板将自来石顶起并离开石门，石门自然就打开了。这种方法可以确保不会因自来石过度顶开后，石条倾倒而砸坏文物，其他几座墓室的石门都是用这种方法打开的。

<u>定陵地宫采用古代九重法宫制</u>，所谓法宫是指帝王日常生活所居的宫室建筑，如寝宫、礼制性建筑、明堂等。因此明定陵地宫的设计与布局就与紫禁城后宫的布局相一致。定陵地宫包括前、中、后三室以及两侧的配殿，它们分别对应紫禁城的乾清宫、交泰殿、坤宁宫以及东西六宫。如今地宫中发掘出的文物已放在定陵博物馆展出，其中金丝翼善冠、镶珠宝金托爵等是最值得一看的稀世珍宝。

来十三陵参观前可以对明朝历史做些"预习"，相信会对你的探索有所裨益。

昌平 居庸关长城

△居庸关关隘

这里的长城看点多

居庸关长城

"天下第一雄关"竟然有两个？

"天下第一雄关"既指居庸关也指嘉峪关。这两个关隘都享有"天下第一雄关"的美誉。

很多人都会问，居庸关长城和八达岭长城有什么区别，哪个更值得一看呢？其实它们分属两种不同的类型，看的重点也不尽相同。

八达岭是隘口，这里位置更险，因此重点是遍赏崇山峻岭中长城的雄姿。此外，景区里的中国长城博物馆可以让你对长城文化做一次十分系统的了解，非常值得一去。八达岭长城景区还有缆车，对于不便攀登的人来说可以更便捷地直达山顶。居庸关属于关城，此处展现的是一个完整的关城防御体系。此外，这里还有一系列精美的建筑遗存，且极为珍贵。因此，你完全可以根据自己的喜好作出选择。

对于居庸关的游览，我们不妨在登长城之前重点先从两个角度探访一下山脚下的关城。

183

第一是看防御体系。居庸关正处于两山挟制的险要地形中，因此，这里有着极为重要的战略意义，若居庸关失守，再往前则是一马平川的北京小平原，毫无天险可守。因此，居庸关与紫荆关、倒马关共同构成重要的"内三关"。从万里长城全线来看，它也与山海关、嘉峪关一起成为著名的"长城三大关"。因此，在居庸关关城内便构筑了十分复杂和多样的防御设施以及管理机构。到居庸关后可以选择在4号停车场处下车，过检票处即可看见城隍庙、户曹行署、永丰仓以及叠翠书院等附属设施。此外，更远处的城楼、敌楼、水门等则构成了关城内主要的军事防御设施。这些设施将帮我们重新构建长城的印象，即长城绝不仅仅是一道"墙"，而是一个十分复杂的防御体系。

第二则是看云台。这座云台在中国古代建筑史、雕塑史上都占有十分重要的地位。云台洞下曾经是南北同行的商道，深陷的车辙提示着这里曾经是多么繁忙。云台上原有精美的藏式喇嘛塔，后被毁。云台内外的雕刻最值得细细品味。券洞顶部有十方佛造像，两侧则为精美的四大天王。雕像以写实的方式再现了佛与天王的面部表情和精神气质，栩栩如生，尤其东墙南侧的一尊好像真要抬起腿一下子就可跳下石墙一般。墙壁两侧中间部分分别用梵文、藏文、八思巴蒙古文、西夏文、维吾尔文和中文6种语言刻写了《陀罗尼经咒》，这对于研究以上几种文字的演变有着十分重要的学术价值。

如此端详一番后，我们可以从南侧的入口处登长城了。要特别注意的是，居庸关长城的前几个敌楼建在十分陡峭的山体上，常常需要手足并用，每一个台阶的高与大都会超出你想象的边界。不过，"长城"魅力就在于当你站于城墙之上可以俯瞰居庸翠色之时，顿时便会觉得这长城的雄姿和人力的伟大，难怪古今那么多伟人登临长城都会有无尽的慨叹。

北京城的运河之源、生命之根
白浮泉遗址

△白浮泉公园 　　　　　　　　　　　　　△白浮泉遗址

白浮泉什么时候断流的？

20世纪70年代开始，由于气候和人类活动的影响，白浮泉逐渐断流。

《元史·河渠志》载："通惠河，其源出于白浮、瓮山诸泉水也。世祖至元二十八年，都水监郭守敬奉诏兴举水利，因建言：疏凿通州至大都河，改引浑水溉田，于旧闸河踪迹导清水，上自昌平县白浮村引神山泉，西折南转，过双塔、榆河、一亩、玉泉诸水，至西门入都城，南汇为积水潭，东南出文明门，东至通州高丽庄入白河，总长一百六十四里一百四步。"

上面这段史料是有关元代初年北京段大运河的一段文字，它向我们清晰地呈现了谁在何时规划、开凿了怎么样的一段运河工程。尤其对北京区域内的流经路线做了极为详尽的描述，更向我们指出了运河水源从哪里来的问题。昌平白浮神山——郭守敬就是选择了这里作为大运河的水源地。

今天这里已经成为白浮泉遗址公园。遗址坐落在龙山脚下，九眼"泉水"从一座石砌的台基处汩汩地流出。台基上则有亭一座，内有石碑一通，上书：白浮泉遗址。碑后为1990年著名历史地理学家侯仁之先生撰文，著名书法家刘炳森先生书写的《白浮泉遗址整修记》。

185

△生机盎然的白浮泉公园

据考古报告所记，当年的出水口在九龙池的东侧，水口处两侧为石壁，上砌有青砖。白浮泉水就是从这里流入白浮瓮山河的，并继续奔流至大都的瓮山泊、长河、积水潭。于是乎，此时的白浮泉不但成为大运河的重要水源，它还作为京城的重要水源地，改变了北京城市水资源的格局，深刻影响了古都北京的风貌和文化。那具体它是如何做到的呢？

第一，有白浮泉作为水源，积水潭才可能成为运河终点码头，而从大都到通州的通惠河也才得以开通。大运河漕运功能方才全面实现。第二，白浮泉的引入才使得大都城内的水源得以充盈，弥补了城区内生活用水、园林景观用水等的大量需求。第三，白浮泉源源不断的来水使得大都与城内外水上交通得以贯通，这对于节省政府交通开支，方便物资流通起到了极大的作用。第四，交通的畅通也导致了文化交流范围的扩大和效率的提高。元大都时期北京的文化繁荣发展，这些在马可·波罗笔下都有着详细的描述。

尽管白浮泉遗址与北京城区的距离确实不算近，但是喜爱大运河的人的确应该到此看一看。虽然如今已经没有了当年"燕平八景"——龙泉喷玉这样的景观，而且台基上的"九龙喷水"也是在现代科技的帮助下实现的，然而这一点也不会扫兴，有白浮泉遗址已经足矣。因为它之于北京城的价值太多、太大、太重要。正如侯仁之先生所说："北京，一个城市的成长历史……白浮泉是北京生命之根。"

闪耀吧！运河之旅
非遗篇

京剧

　　京剧又称平剧、京戏，中国国粹之一，是中国影响力最大的戏曲剧种，分布地以北京为中心，遍及全国各地。清乾隆五十五年（1790年）起，原在南方演出的三庆班、四喜班、春台班、和春班等多以安徽籍艺人为主的四大徽班通过大运河陆续进入北京，与来自湖北的汉调艺人合作，同时接受了昆曲、秦腔的部分剧目、曲调和表演方法，又吸收了一些地方民间曲调，通过不断的交流、融合，最终形成京剧。

　　大运河是京剧诞生和繁荣的重要因素，大运河不仅为其提供了起源的契机、传播交流的通道，更促进了不同戏曲文化的融合，还为京剧的题材创作等方面提供了丰富的资源和灵感，两者相互成就、相得益彰。

小唐告诉你有关京剧那些事儿

京剧的行当、唱腔、身段

行当：

京剧的角色分为四大行当：生、旦、净、丑。

生行：扮演男性角色，包括老生（中年男子）、小生（年轻男子）、武生（武打角色）等。

旦行：扮演女性角色，分为青衣（正旦）、花旦（幽默、活泼的女子）、武旦（武艺高强的女性）、老旦（老年妇女）等。

净行：又称花脸，扮演性格鲜明的男性角色，如大将、神怪等。

丑行：扮演幽默、滑稽的角色，如衙役、商人等。

唱腔：

京剧的唱腔以西皮、二黄为主，还有吹腔、四平调、南梆子等。唱腔有各种板式，如慢板、快板、二六、流水等，以及不同的唱法，如真声、假声、夹嗓等。唱腔讲究字正腔圆、以字行腔，通过不同的音色和音调表现人物的性格和情感。

身段：

身段是京剧表演中的重要组成部分，通过形体动作表现情节和人物思想感情。身段包括各种舞蹈动作，从简单的手势到复杂的武打技巧。身段在塑势造型、形体动作、手势、步法行进、眼法传神上都有其独特的韵律。身段强调形和神的结合，通过眼神的运用传达内在感情，形成独特的舞蹈动作。

京剧词语在生活中的广泛应用

词语：科班、行当、亮相、大拿、挑大梁、龙套、圆场、板眼、捧场、对台戏、压轴、反串、客串……

成语：字正腔圆、一脉相传、粉墨登场、插科打诨，出神入化，有板有眼。

京剧顶流背后的推手

曾经京剧演员的经纪人叫"跟包"，是经纪人兼助理的总称。他们负责照顾演员的日常生活，包括安排住宿、饮食，以及管理演员的私人物品等。"跟包"还会承担演员的经济事务，如与戏院协商演出费用，确保

演员的利益得到保障，类似于现在明星的经纪人。

京剧中的意象化表演包含了什么样的中式美学

"意象"这个词，见于南北朝刘勰的《文心雕龙》一书。他在"神思"一节里，有这么一句话，"独造之匠，窥意象而运斤"，这句话的大致意思是：有独特思考、独特技能的艺术家，他们能揣摩意象美学意识，巧妙地运用他们的工具以及自身条件，从而创造出独特的美好的艺术作品。

京剧四功五法

"四功五法"是戏曲艺术的灵魂。"四功"即"唱、念、做、打"等基本功，"五法"即"手、眼、身、法、步"五种戏曲表演技法。

京剧四大名旦

梅兰芳、尚小云、程砚秋、荀慧生

通州运河船工号子

通州运河船工号子是北京市的传统民间音乐，是指北京通州区到天津段运河（即北运河）的船工号子，是为提高劳动效率而创作的民歌品种。运河船工号子的渊源，只能根据演唱者的回忆追溯到清道光年间。它以家庭、师徒、互学的方式传承，目的是统一劳动步调、增加劳动兴趣、提高劳动效率，与漕运船工的劳作相伴相随。船工号子种类繁多，已知的船号大致可分为起锚号、揽头冲船号、摇橹号、出仓号（装仓号同）、立桅号、跑篷号、闯滩号、拉纤号、揽关号、闲号十种。通州运河船工号子是鲜活的历史记忆，经过几百年的传承，成为运河文化和北京文化标志性的重要文化符号之一。

小蒲告诉你
有关船工号子的那些事儿

蒲熠星

什么是号子？

唱号子，在北方又常叫作"吆号子"，在南方则常称为"喊号子""打号子""叫号子""吼号子"。最初的劳动号子只是劳动者的呼号，目的是统一步伐、调节呼吸，并释放身体负重力。后来劳动人民将它逐渐美化，发展为歌曲的形式。在劳动中，号子具有双重的功用：一方面，它可以鼓舞精神，调节情绪，组织和指挥集体劳动；另一方面，它也具有一定的艺术表现价值。

运河号子和黄河号子的区别
号子的特点和河的"性格"有关？

号子的特点由河的"性格"决定，例如，黄河它奔腾、咆哮、一泻千里，代表了中华民族英勇抗争、不屈不挠的品格，有阳刚之气，因此，黄河号子雄壮有力、浑厚高亢。运河曾担负着沟通南北交通的重任，水势平稳和缓，像母亲一样坦然安详，滋润着两岸人民，更显温柔，因此，运河号子也有运河一样的"性格"，主旋律更加平缓、优美、抒情、如歌。

世界上的劳动号子

劳动号子根据劳动工种的不同，主要分为几个类型：搬运号子、工程号子、农事号子、船渔号子和作坊号子。

水手号子：英国在15世纪中期就有号子seashanties/chantey在商船水手中流行。水手号子是"大航海时代"的产物，如新西兰150年前的《维勒水手》，原是捕鲸船水手所唱。

林业号子：在俄罗斯等森林资源丰富的国家，林业工人在伐木、搬运木材等劳动中会有相应的号子。

矿业号子：在一些矿业发达的国家，如美国、澳大利亚等，矿工在挖矿、运输矿石等作业时会唱矿业号子。

农业号子：在坦桑尼亚有farmingtradition，利比里亚有Kpellericeplanting、brushclearing等号子传统，日本有riceplantingsongs，格鲁吉亚有hoeingsongs等。

牧业号子：如奥地利、瑞士的cowcallingsongs、singinginbarns，瑞典、挪威的livestockcallingsongs等。

工业号子：如加纳的stampingsongs，是邮差工作时唱的号子。

从号子演变出来的艺术形式

从号子演变出来的艺术形式主要包括山歌和小调。

山歌是劳动号子的一种延伸形式，它在山区劳动中被广泛使用。山歌的旋律高亢、嘹亮。

小调是另一种从号子演变而来的艺术形式，它在南方地区尤为流行。小调的旋律优美、节奏平稳，常常在劳动之余演唱。

号子的特点

（1）演唱形式以一领众和为主。

（2）律动性节奏，刚毅有力，旋律口语化易传唱。

（3）音乐材料简单，有重复性。

（4）曲式结构方整性，乐段不独立。

（5）表现方法直接、简朴，音乐性格坚毅、粗犷。

闪耀吧！运河之旅
美食篇

🍲 正餐

老北京铜锅涮肉

老北京铜锅涮肉是一道具有浓郁北京特色的传统美食，以独特的烹饪方式和丰富的文化内涵而闻名。这道菜不仅承载着百年的饮食文化，更是一种温暖人心的冬日仪式。

历史背景

铜锅涮肉的历史可以追溯到元代，最初是由忽必烈在一次远征途中命厨师快速准备的一道菜。因烹饪迅速且味道鲜美，逐渐在民间流传开来，并在明清时期成为京城贵族及皇室的御用佳肴。这道菜不仅是一种美食，更是一种文化的传承，代表着北京人对生活的讲究和不将就的态度。

制作方法

老北京铜锅涮肉的制作方法独特，使用纯铜打造的火锅，以炭火为燃料，保持汤底滚沸而不爆沸，煮出来的肉嫩而不柴。锅底一般是用清水加入葱段、姜片和少量料酒，突出羊肉的原汁原味。羊肉选用嫩羊肉，通常手工切成薄片，涮烫10~15秒就可以吃了，此时的口感最佳。蘸料以芝麻酱为主，搭配韭菜花、腐乳等，可以根据个人口味调配。

推荐老字号餐厅

东来顺：北京著名的老字号餐厅，以传统的铜锅涮肉而闻名，羊肉选料精美，刀工精湛，调味料独特。

南门涮肉：以肉质鲜嫩、口感细腻而闻名，调料也有独特风味。

聚宝源：历史悠久的餐厅，以传统的铜锅涮肉和特色小吃而闻名。

烤鸭

北京烤鸭是具有世界声誉的北京著名菜式，起源于中国南北朝时期，当时称为"炙鸭"，是宫廷名菜。北京烤鸭选用优质肉食鸭中的北京鸭，这种鸭子肥大，全身白色，每天定时由技术工人用莜麦面和其他营养物调好的饲料喂鸭子，因此得名"填鸭"。

历史背景

北京烤鸭的历史可以追溯到南北朝时期，最初是宫廷名菜。明成祖朱棣迁都北京时，将南京烤鸭技艺带到了北京，逐渐成为宫廷御膳。随着烤鸭在宫廷中的普及，御厨不断改良烤制方法，逐渐形成了挂炉烤鸭和焖炉烤鸭两大流派。

制作方法

北京烤鸭采用果木炭火烤制，色泽红润，肉质肥而不腻，外脆里嫩，味道醇厚。挂炉烤鸭采用枣木、梨木等果木为燃料，用明火烤制，皮层酥脆，外形圆润饱满；焖炉烤鸭则是将鸭子放在暗火中焖烤，外皮油亮酥脆，肉质洁白细嫩。

推荐老字号餐厅

北京烤鸭的代表品牌有全聚德和便宜坊。全聚德采用挂炉烤法，烤出的鸭子皮薄而脆；便宜坊则是焖炉烤法的代表，外皮油亮酥脆，肉质洁白细嫩。

炙子烤肉

北京炙子烤肉是一种源自塞外游牧民族的传统美食，已有 300 多年的历史。它最初是游牧民族在篝火旁庆祝丰收的方式，后来逐渐融入北京百姓的日常生活。炙子烤肉采用炭火将炙子烧得火热，新鲜的肉在炙子上滋滋作响，香味扑鼻，让人垂涎欲滴。

历史背景

炙子烤肉最早起源于塞外满蒙的游牧民族，随着满族入主中原，烤肉技艺被带入北京。北京人吃炙子烤肉的习惯可以追溯到明代，《明宫史·饮食好尚》中有记载，凡遇雪则暖室赏梅吃炙羊肉。

制作方法

炙子烤肉通常使用铁条钉成的圆形炙子铁板来烤肉，这种炙盘烤出来的肉受热均匀，肥而不腻，中间嫩，周边脆，香气扑鼻。烤肉时大多采用松木或果木作为燃料，因此烤肉带有别样的松木香气。肉大多是拌好的牛羊肉，提前腌制过的牛羊肉很入味，只需在炙盘上烤几分钟就香气扑鼻了。

推荐老字号餐厅

北京有几家著名的炙子烤肉老字号，如烤肉季、烤肉宛。

小吃

老北京炸酱面

老北京炸酱面是中国传统特色面食,被誉为"中国十大面条"之一,属于北京菜系。它由面条、菜码和炸酱组成,口味偏咸,清新爽口,劲道十足。它的历史可以追溯到清朝甚至更早的时期,已有几百年的历史。老北京炸酱面起源于北京的小吃摊点,后逐渐流传开来,成为北京饮食文化的代表之一。相传,八国联军攻入京城后,慈禧太后与光绪皇帝逃亡途中,曾吃过一碗普通人家随意煮的面条,又回到京城后就命御膳房按照那碗面的样子制作,这就是后来老北京炸酱面的由来。老北京炸酱面的制作讲究"三炸三熬",即炸酱要炸三次,每次都要熬至金黄,这样制作出的炸酱面酱香浓郁、口感醇厚。传统的老北京炸酱面选用半肥瘦猪肉丁加葱、姜、蒜等在油锅炸炒,加入黄稀酱,盖上锅盖小火咕嘟10分钟。肉丁被黄酱咕嘟透了,肉皮红亮,香味四溢。

卤煮

卤煮起源，大概可以追溯到乾隆年间。乾隆四十五年（1780年），皇帝巡视南方，曾下榻于扬州安澜园陈元龙家中。陈府家厨张东官烹制的菜肴很受乾隆帝喜爱，后来张东官随乾隆入宫，深知乾隆喜爱味道厚重的食物，就用五花肉加丁香、官桂、甘草、砂仁、桂皮、蔻仁、肉桂等九味香料烹制出一道肉菜供膳，并命名这道肉菜为"苏造肉"。后来这道菜慢慢传到民间，旧社会用五花肉煮制的"苏造肉"价格贵，一般老百姓吃不起，于是人们就用价格低廉的猪头肉代替五花肉，同时加入价格更便宜的猪下水煮制。没想到歪打正着，一发不可收地创出了传世美味，这就是咱们日后熟悉的卤煮了。

糖火烧

相传远在明朝的崇祯年间，有个叫刘大顺的回民，从南京随粮船沿南北大运河来到了古镇通州，也就是今天北京城正东的通州区。刘大顺见当时的通州镇水陆通达、商贾云集，是个落脚谋生的好去处，便在镇上开了个小店，取名叫"大顺斋"，专制作销售糖火烧。到了清乾隆年间，大顺斋糖火烧就已经远近闻名了。

咯吱盒

咯吱盒是老北京的一道传统名吃，是一种比老北京城还老的北京特色美食。咯吱盒是随着京杭大运河而生，产生于大运河的源头——通州，至今仍广泛流传于京城民间。在民间曾有一个传说，当年慈禧太后去香山游玩，来到香山脚下一间民居。民居主人做了咯吱盒招待太后，太后吃了两口，太监按规矩要把菜拿走，太后却因其美味而说"搁着"，民居主人立即下跪磕头"谢太后赐名"，于是，这道小吃就被命名为"咯吱盒"了。这只是个传说，其实是咬咯吱盒时嘴里发出清脆的声音"咯吱、咯吱"而得名。

还有一种是用绿豆面和白面混合，摊成面皮，再直接卷起来，下油锅炸的东西叫作"炸脆咯吱"，而用绿豆面皮包上素馅炸出的才叫作"咯吱盒"，这是两种不同的小吃。

三不粘

乾隆皇帝到江南巡察民情，路过安阳，提出来品尝安阳的风味小吃。安阳县令就让厨师精心炒了一盘桂花蛋，献给乾隆品尝。乾隆吃了这道菜肴之后，十分高兴，他见这道菜有不粘盘子、不粘筷子、不粘牙齿，就当即下了圣旨，将桂花蛋赐名"三不粘"，并让县令把此菜肴的制作方法告诉了皇宫里的御膳房，这样皇帝和后宫嫔妃及皇亲就能随时品尝到这种美食了。

责任编辑：王欣艳　胡一鸣　吴　寒
责任印制：冯冬青
装帧设计：中文天地

图书在版编目（CIP）数据

闪耀吧！大运河.北京 / 优酷人文编著；刘京平主编. -- 北京：中国旅游出版社，2025.4. --（大运河文化系列丛书）. -- ISBN 978-7-5032-7548-7

Ⅰ.K928.42

中国国家版本馆CIP数据核字第2025563XY9号

书　　名	闪耀吧！大运河.北京
作　　者	优酷人文 编著　刘京平 主编
出版发行	中国旅游出版社
	（北京静安东里6号　邮编：100028）
	https://www.cttp.net.cn　E-mail：cttp@mct.gov.cn
	营销中心电话：010-57377103，010-57377106
	读者服务部电话：010-57377107
排　　版	北京中文天地文化艺术有限公司
印　　刷	北京金吉士印刷有限责任公司
版　　次	2025年4月第1版　2025年4月第1次印刷
开　　本	787毫米×1092毫米　1/16
印　　张	13.25
字　　数	140千
定　　价	88.00元
ISBN	978-7-5032-7548-7

版权所有　翻印必究
如发现质量问题，请直接与营销中心联系调换